KB217502

리더들이 즐겨 읽는
위대한 유머

엮은이 _ **신채운**

실없는 헛웃음이 아니라 단단한 **뼈** 씹히는 위트로 세상과 유쾌한 소통을 꿈꾸는 욕심 많은 청년입니다. 2002년 세계일보 신춘문예로 등단해 민음사, 다산북스, 여성신문사 등에서 독자에게 사랑받는 책을 만들기 위해 힘써왔습니다. 탈무드의 지혜가 살아 숨 쉬는 『위대한 유머』가 독자 제현께 작지만 의미 있는 웃음을 선물할 수 있기를 소망해봅니다.

리더들이 즐겨 읽는
위대한 유머

Great Humor

친케이

[여는 글] _ 리더는 탈무드 유머를 읽는다

오늘날 유머는 단지 개그맨의 전유물이 아니다. 언제 어느 자리에서든 유머가 없는 대화를 오랫동안 주고받는 것은 실례가 되는 세상이 되었다. 많은 사람들이 유머 감각을 익히기 위해 부단히 노력 중이고, 점잖 빼는 것이 미덕으로 취급받던 과거에는 실없는 농담이나 하는 이로 여겨졌던 유머러스한 사람이 공공의 부러움을 사고 있다.

그렇다면 진정한 유머 감각은 어떻게 만들어질까? 단언컨대 처음부터 유머 감각을 타고난 이는 없다. 우선 집안 환경이나 주변 사람의 영향을 받는 경우가 크다. 개그맨의 부모나 형제들이 텔레비전에 출연하는 경우를 보면 굉장히 유쾌한 대화를 즐기는 이들이 많음을 쉽게 발견할 수 있다. 즉 유머러스한 가족과 환경에 자연스럽게 유머가 몸에 익은 것이다. 처음에는 그냥 듣고 웃지만 익숙해지면 어느새 그 속에서 일정한 패턴을 발견하고 자유로운 상상과 창의력을 발휘하게 되는 것이다. 이런 과정을 거치면 누군가의 개그를 앵무새처럼 따라하는 것이 아니라, 언제 어디서든 자연스럽게 웃음을 자아내게

하는 사람으로 변신하게 된다.

그러나 주위 환경이 전혀 유머러스하지 않다고 절망할 필요는 없다. 유머의 바이블을 찾아 위편삼절(韋編三絶)의 마음가짐으로 공부하고 또 공부하면 된다. 자고로 열심히 즐기며 공부하는 사람을 이길 수는 없는 법이다. 그렇다면 세상에 존재하는 수많은 유머 중에서 가장 본받을 만한 것이 무엇일까? 이 책은 그 해답과 가장 가까운 유머를 유태인에게서 찾고 있다.

유태 민족 5000년의 역사는 고난과 역경의 연속이었다. 그러나 유태 민족은 마냥 슬퍼하고 좌절하지 않았다. 오히려 고통을 극복하기 위해 웃음과 지혜를 만들어왔다. 불멸의 베스트셀러인 『탈무드』를 바탕으로 하여 만들어진 이들의 유머는 세계 어느 민족에게도 뒤지지 않는 위트가 담겨져 있다.

이들 유태인의 유머를 읽는 것만으로도 그 본질과 가치를 가깝게 느낄 수 있을 것이다. 세계 유수의 리더들이 아직도 『탈무드』를 가까이 하는 것은 아직도 그것이 세상에서 가장 훌륭한 책 중의 하나이기 때문이다.

차례

1

유머를 지배하는 자
세상을 지배하리니

탈무드 유머

001 원위치

두 유태인이 말다툼을 했다.

"나는 꼭 가톨릭으로 개종하겠어."

"말도 안 되는 소리! 자네가 개종하면 돌아가신 자네 아버지가 천당은커녕 비석 밑에서 돌아눕고 말거야."

"걱정도 팔자일세. 내가 개종하고 난 후에 곧 내 아우도 개종할 게야. 그렇담 우리 아버지가 도로 제자리로 돌아올 게 아닌가."

• • •

　　1년 365일 끊임없이 계속되는 전쟁이 있다. 제2차 세계대전
에 들어간 전쟁비용보다 천문학적인 비용을 사용하고, 승리했
다 싶어 한숨 놓으면 하루아침에 패하고 마는 지루한 전쟁. 바
로 살과의 전쟁, 다이어트이다.

　　다이어트 한번 안 해본 사람이 없을 정도이지만 성공한 사
람은 무척 드문 편이다. 바로 요요현상 때문이다. 짧고 굵은
노력은 있으나 길고 끈질긴 인내는 없는 탓이다.

　　씨앗을 뿌리고 열매를 맺기 위해서는 반드시 인내가 필요하
다. 열심히 뛰어도 제자리라면 쓸데없이 헛심만 쏟을뿐, 아니
뛴 것만 못하지 않겠는가.

002 굿 뉴스, 배드 뉴스

유태인에 대한 나치의 탄압이 극심하던 무렵, 베를린의 어느 길모퉁이에서 몇 사람이 이야기를 나누고 있었다.

"빅 뉴스가 있어요. 하나는 굿 뉴스이고, 또 하나는 배드 뉴스예요."

"그래, 굿 뉴스란 뭣이오?"

"히틀러란 놈이 죽었다는 소식입니다."

"그것 참 기쁜 소식이구만."

"그래, 배드 뉴스는?"

"그 소식이 잘못 전해졌다는 것이죠."

· · ·

좋은 소식을 먼저 듣는 게 좋을까? 나쁜 소식을 먼저 듣는 게 좋을까?

개인의 성격에 따라 다르겠지만, 나쁜 소식을 먼저 듣는 게 심리적으로 유리하다고 한다. 일의 처음과 끝을 따졌을 때, 처음에는 좋은 기분이 됐다가 끝에 나쁜 기분이 되면 기분이 찜찜할 가능성이 크기 때문이다.

이런 예는 우리 주위에 흔하다. 누군가를 칭찬하는 말처럼 들리는 데 끝까지 다 들어보니 말끝에 미묘한 뉘앙스가 풍긴다거나, 저소득층에 혜택이 주어진다는 뉴스에 반색해 검색해보니 안타깝게도 조건이 하나 모자라 혜택을 받을 수 없다는 것을 깨달았을 때, 기분이 어떻겠는가?

반대로 처음에는 나쁜 소식을 들을지라도 끝이 좋으면, 다시 힘을 낼 수 있는 용기가 생기는 법이다. 처음도 중요하지만 무엇보다 끝이 좋아야 한다는 것을 명심해야 한다.

003 기도

표류당한 두 사람의 유태인이 구명보트에 몸을 지탱하고 있었다. 사방 어디를 둘러보아도 망망한 바다뿐이었다.

한 유태인이 간절한 마음으로 기도를 시작했다.

"오, 하나님, 만약 저를 구해 주신다면 저의 재산의 절반을 바치겠습니다."

그러나 여전히 아무런 희망이 보이질 않았다. 오히려 풍랑만 심할 뿐이었다.

"오, 하나님, 살려주십시오. 살려주신다면 제 재산의 3분의 2를 하나님께 바치겠습니다."

다시 아침이 되어도 구원의 손길은 닿지 않았다. 유태인은 다시 간절한 기도를 시작하였다.

"하나님, 제발 저의 이 간절한 기도를 받아주십시오. 제 목숨을 구해주신다면 저의 재산을……."

그때 다른 유태인이 소리쳤다.

"이봐 거래를 중단해. 저기 섬이 보인다구!"

．．．．

　과학이 맹위를 떨치고 있는 21세기에도 여전히 신(神)은 그 권좌를 내놓지 않고 있다. 외려 그 권좌가 더 화려해지고 높아만 가는 것 같다.

　신을 가장 굳게 믿는 민족 중에 유태인을 빼놓지 못할 것이다. 흥미롭게도 가장 금전에 밝은 민족을 꼽으라고 해도 유태인은 첫손가락에 꼽힌다. 신과 돈을 함께 거머쥔 민족 유태인. 혹시 위의 유머처럼 그들은 기도를 거래라고 생각하는 것은 아닐까? 아니, 어쩌면 기도를 거래라고 보는 게 맞는 생각일지도 모른다.

　기도란 무언가를 구하는 간절한 마음이다. 그러나 대부분 신께 간절히 바라기만 할 뿐, 내 것을 내놓을 생각은 눈곱만큼도 없다. 무조건 바락바락 떼만 쓰는 갓난쟁이와 같다. 그에 비해 기도를 거래라고 생각해 "내 기도를 들어주시면 나는 이것을 내놓겠습니다."라고 말하는 게 오히려 공평하지 않은가.

　생의 평범한 진리. 하나를 얻고 싶으면 나도 하나를 내 놓아야 한다는 것을 잊지 말자.

004 군인정신

장군이 부하들에게 작전에 임하는 자세에 대해 지시하고 있었다.

"우리와 맞서는 적도 많지 않다. 그러므로 1 대 1이라는 각오로 반드시 한 사람씩 죽인다는 굳은 결심으로 싸워야 한다."

그때 한 병사가 말했다.

"장군님, 저는 두 놈의 적을 맡겠습니다."

옆에 있던 다른 병사가 이 말을 받아 용감하게 말했다.

"그렇다면 저는 집으로 돌아가겠습니다."

· · ·

국방의 의무가 4대 의무로 자리매김한 대한민국. 신체 건강한 성인 남성이라면 누구나 국방의 의무를 짊어져야 한다. 엄청난 피해를 보는 사람들도 분명 있다. 바로 종교적 혹은 개인적 비폭력주의의 신념에 따라 양심적 병역 거부를 하는 사람들이다.

물론 직접 군대나 관련 기관에서 복무하는 대신에 그에 준하는 사회적 활동에 참가함으로써 군역을 대체하는 대체복무제가 존재하기는 한다. 현재 징병제를 도입하고 있는 나라들 중 25개국이 대체복무를 허용하고 있기도 하다.

우리나라는 지난 정권 때 입법 예고를 했지만, 이번 정권에서 다시 수포로 돌아갔다. 그들이 교도소가 아니라, 집으로 돌아갈 날이 언제일지 아직 알 수 없다.

005 경험

두 사람이 힘을 합쳐 경영하던 회사가 문을 닫게 되었다. 한 친구가 위로의 말을 건넸다.

"여보게, 자넨 그래도 나보다 낫지 않은가. 의지할 수 있는 아내도 있고 말이야. 어디 그뿐인가. 자네 부인은 최상품의 물건도 가지고 있지 않은가."

친구의 말이 끝나기가 무섭게 풀이 죽어 있던 친구가 벌컥 화를 내며 그의 멱살을 잡았다.

"네 놈이 내 아내와 간통했구나!"

멱살을 잡힌 친구는 그러나 태연한 얼굴로 대답하는 것이었다.

"아니야, 오해 말게, 자네를 위로하려고 한 말일세. 하지만 말이 나온 김에 고백하네만 자네 부인은 최상품이 아니었네."

· · ·

　'집 나가면 개고생'이란 자극적인 광고 문구가 히트를 친 적이 있다. 가만히 들여다보면 이 문구만큼 우리 민족의 특징을 잘 드러내는 문구도 없는 것 같다. 바로 계절 따라 거처를 옮기는 북방 유목민족의 풍습에서 벗어나, 울타리를 치고 농경지를 경작하는 남방 토착민족의 풍습, 즉 집이라는 공간의 중요성(하다못해 잠만큼은 집에서 잔다는) 인식 저변에는 이러한 문화적 기질이 깔려 있는 것이다.

　그래서일까? 모텔에도 잠을 자러 가기보다는 잠깐 쉬러 가는 사람들이 왜 이리 많은지……. 그런데 말 그대로 집 나가면 개고생이라고, 쉬러 들어간 모텔에서 쉬기는 제대로 쉬는지 확신할 수 없는 것은 왜일까?

006 가상 작전

군대에 새로 들어온 병사가 훈련을 받고 있었다. 적으로 변장한 병사가 실탄이 들어 있지 않은 총으로 겨냥하고 "탕!" 하며 입으로 총소리를 냈다. 그러나 신병은 그냥 도망치는 것이었다.

"이봐, 총을 맞았으면 쓰러져야지."

"무슨 소리, 나는 탱크야."

다음날 훈련이 다시 시작되었다. 산악훈련 가운데 건너게 된 다리에는 다음과 같은 팻말이 붙여져 있었다.

「이 다리는 폭파된 다리임」

그러나 훈련 중에 폭파된 이 다리를 태연히 건너가는 신병이 있었다. 장교가 노발대발하여 신병을 불러 세웠다. 신병이 들고 있는 깃발에는 이렇게 씌어 있었다.

「잠수 중」

• • • •

    어릴 적 동네 친구들과 병정놀이를 할라치면 이런 놈 한둘
은 꼭 있었다. 먼저 발견해 나무총으로 쏘면 죽은 척해야 하는
규칙을 머리 맞대고 세워놨는데, 한사코 저는 총에 맞지 않았
다고 우기는 놈, 제가 먼저 나를 봤다고 우기는 놈, 바락바락
자기는 결코 죽지 않는다고 불사신을 외치던 놈.

    그런데 컸다고 그런 놈들이 없어진 게 아니다. 아니 외려 더
주위에는 그런 놈들만 기하급수적으로 늘어나는 것 같다. 아
무리 "반칙이야!"라고 외쳐도 모르쇠로 일관하는 놈들이 천지
에 널렸다. 하기야 '반칙왕'이 '왕'이 되는 세상이니 뭘 더 말
할까.

007 가족의 건강

몸에 이상을 느낀 한 사내가 의사에게 진찰을 받고 소변을
받아오라는 지시를 받았다. 그는 곧 큰 술병에 가득 오줌을 가
져왔다.

"검사에는 이렇게 많은 소변이 필요 없어요. 하지만 이왕 가
져왔으니 그대로 해봅시다."

검진 결과 아무 이상이 없자 사나이는 재빨리 가족에게 전
화를 걸었다.

"모두 건강하다니 마음 놓으라고."

．．．．

　간혹 겉보기에는 재미난 유머인데 씹을수록 마음을 잔잔하게 울리는 유머가 있다. 제 몸에 큰 병이 났을지도 모르는 걱정스러운 상황. 소변을 받아오라는 의사의 말에 은근슬쩍 집안 식구들의 종합건강검진을 단번에 해결하려는 한 가장의 유머러스한 행동이 그렇지 않은가.

　영화 〈인생은 아름다워〉에서 총살 현장으로 가는 길에도 우스꽝스러운 걸음을 옮기던 아버지의 모습이 오버랩 된다. 숨어서 자신을 보고 있을 아들에게 인생은 어두운 것이 아니라, 아름다운 것임을 각인시키기 위한 그 발걸음. 어찌 보면 이것이야말로 진정한 유머의 본질이 아닐까.

008 작문

아들이 아버지에게 물었다.

"아빠, 나는 어떻게 태어났어요?"

"응, 너는 황새란 놈이 업어왔지."

"그럼 아빠는 어떻게 태어났어요?"

"나도 황새가 업어왔지."

"그렇다면 할아버지, 그 위의 할아버지도 모두 황새가 업어왔겠네요?"

"그래, 네 생각대로다."

다음날 학교의 작문 시간이었다. 아들은 이렇게 쓰고 있었다.

"아빠의 말씀에 따르면, 우리 집안은 고조할아버지 때부터 지금까지 일체의 성행위가 없었던 것으로 생각된다."

．．．

　서울 거주 학생 286명을 대상으로 실시한 설문조사에 따르면 63%가 이성친구가 있다고 응답했다. 스킨십을 어디까지 해봤느냐는 질문에 20.6%가 포옹, 14%가 뽀뽀, 4%가 진한 키스라고 답했다. 학생들은 이성교제에 긍정적인 이유로 '외로움을 달랠 수 있다', '우리도 사랑을 느끼고 있다', '고민 상담을 할 수 있다.', '좋은 추억으로 남는다.'고 응답했다.

- H일보 2008년 11월

　위 설문조사에 응한 학생들의 연령은?

　초등학교 6학년 학생들이었다. 요즘 아이들에게 "너는 다리 밑에서 주워왔다."고 얘기하는 부모가 없기를 간절히 기원한다. 버릇없다고 하지 말자. 누구 탓이겠는가? 부모 탓이지. 참고로 질문 중에 섹스를 해봤느냐는 질문은 없었다는 것을 다행으로 여겨야 할 듯……

009 갈수록 태산

장학관이 일선 초등학교 수업 시간을 참관하였다. 장학관이 한 학생에게 물었다.

"지구의는 왜 기울어져 있는지 말해 봐요."

"제가 망가뜨린 게 아닙니다."

학생의 대답이 이렇게 나오자 장학관은 어처구니가 없어 담임 선생을 나무랐다. 그랬더니 선생이 머리를 긁적이며 말했다.

"이것은 사올 때부터 기울어져 있었습니다."

크게 실망한 장학관이 교장 선생에게 교육이 잘못되고 있다고 충고하자 교장 선생은 즉시 담임 선생을 불러 호령을 했다.

"내가 평소 부탁한 것을 잊었단 말이오? 유태인 가게에서는 절대로 교재를 사지 말라고 한 것을."

• • •

「모두가 아니라고 할 때 '예' 라고 대답하는 사람. 모두가 예라고 대답할 때 '아니' 라고 말하는 사람」이라는 광고 문구가 인기를 끈 적이 있다.

그러나 현실은 어디 그런가? 다수결, 다수결…… 어딜 가나 다수결이다. 하다못해 음식점에 가도 이것저것 시키는 것 귀찮으니 다수결로 선택한 음식을 먹자고 하는 판이다.

다수결이란 제도가 마냥 옳은 것은 아니다. OX퀴즈를 잘 맞히는 사람은 많은 사람들이 몰리는 곳으로 따라가는 것이 비법이라고 말한다. 많은 사람들이 생각하는 답이 맞을 확률이 높기 때문이다. 그러나 모든 사람들이 옳다고 여기는 게 꼭 정답은 아니다. 대세를 좇아도 결국 마지막 선택은 자신의 몫이다. 그때 나의 확고한 주관이 있는지 없는지 판가름 난다. 마지막에 웃는 자는 어쨌든 자신을 믿는 자이다.

010 물벼락

유태인 교구에서 생활비를 받고 있는 어느 가난한 유태인이 유태교보다 돈을 더 많이 주는 기독교로 개종했다가 그만 발각되고 말았다. 그래서 생활비 지원이 끊어지자 그는 한숨을 내쉬며 중얼거렸다.

"우리 조상들은 모세의 인도로 홍해를 건널 때 그 많은 물을 모두 뒤집어쓰고도 낙토에 도달했고 자랑스러운 유태인으로 인정받지 않았는가? 그런데 난 이게 뭔가? 고작 몇 방울의 물이 머리에 뿌려졌다 하여 유태인이 아니라 하니, 이건 너무 심한 벌이 아닌가?"

• • • •

　몇 년 사이에 법치(法治)라는 말이 심심찮게 회자된다. 민주주의 사회에서 당연한 말이기는 한데, 동네에서 벌어진 사소한 다툼에도 "법대로 하자!"는 인심 잃는 어깃장 소리는 마냥 좋게 들리지는 않는다.

　법치란 공평무사한 잣대로 집행할 때야 만인이 수긍하는 법인데, 그 공평무사한 잣대라는 게 제천대성 여의봉 같아 힘 있는 자 앞에 가면 오뉴월 엿가락 늘어나듯 매가리가 없다가도, 엄한 놈 앞에만 가면 부처님 가운데 거시기마냥 요지부동 꿈쩍을 않으니 말이다.

　재밌는 것은 역사적으로 독재가 득세할수록 법치를 부르짖는다나? 얼마 전 귀천한 전직 대통령이 마지막 연설에서 독재가 어떻다고 일갈했다는데, 부디 망령 난 노인네의 궤변이기를, 제발 그러기를 간절히 빌어보는 게 이 땅의 힘없는 시민들의 바람이 아닐까 한다.

011 당연한 일

아들의 방탕을 걱정한 아버지가 랍비에게 물었다.

"선생님, 우리 집 아이는 돼지고기를 보면 미친 듯이 먹어치우고, 게다가 기독교를 믿는 여자에게 키스까지 합니다. 이걸 어쩌면 좋습니까?"

방탕한 아들이 랍비에게 물었다.

"선생님, 제 자신이 생각해도 머리가 돈 모양입니다."

"머리가 돌다니? 만약 네가 돼지고기에다 키스를 하고, 기독교를 믿는 여자를 미친 듯이 먹어치운다면 그건 잘못된 일이지. 하지만 네가 하는 행동은 당연한 거야."

· · ·

　작년 우리 사회를 뜨겁게 달궜던 이슈 중에 인터넷 경제 대통령 미네르바 사건이 있었다. 옛 정권 때 만들어져 20년이 넘게 적용한 적이 없던 전기통신기본법 상의 허위사실 유포 조항으로 그를 체포했다.

　이 사건을 보고 많은 사람들이 이런 생각을 했을 것이다.

　'털어서 먼지 안 나오는 놈이 어디 있어가 아니라, 먼지 안 나오면 깨끗한 것을 문제 삼는 법을 만들면 된다.'

　우리는 오늘도 적법과 불법 사이의 길을 아슬아슬하게 걷고 있다. 오늘 하루를 무사히 넘겼다고 안심할 일만도 아니다. 지극히 당연하다고 생각했던 내 행동이 어느 곳엔가 묻어 있던 법에 걸릴 수도 있음을 명심하라.

012   얼마나 급했으면

딸을 데리고 병원을 찾은 어머니에게 의사가 난처한 듯 말했다.

"좀 뭣한 얘기입니다만, 따님은 임질에 걸렸습니다."

"예? 만약 그게 사실이라면 우리 앤 공중변소에서 걸렸을 거예요."

의사가 고개를 끄덕이며 말했다.

"그럴 수도 있겠지요. 얼마나 급했으면 공중변소에서……."

   • • •

　"애를 낳고 애를 버리기도 하는 공중변소이니, 그깟 사랑쯤이야!" 하고 말하는 사람도 있을 것 같다.

　흥미로운 어느 조사에 따르면 이런 곳만 찾아다니는 커플도 꽤나 많다고 한다. 길손이 뜸한 한적한 공중 화장실, 늦은 밤 공원 숲속은 말할 필요도 없다. 사람이 득시글대는 곳이라야 흥분지수가 올라간다며 스릴 만점을 외치는 커플도 있고, 우중(雨中)에 하는 정사가 일미(一味)라며 비만 오면 차를 끌고 한가한 곳을 찾는 커플도 있다고 하니…….

　하기야 매일 똑같은 밥만 먹을 수는 없는 노릇이기도 하다. 108가지 기기묘묘한 자세로 밤마다 침대 위에서 서커스를 흉내 내듯, 장소 역시 안방 침대 위만 고집할 필요는 없을지도 모르겠다.

　'얼마나 급했으면'이 아니라 '얼마나 심심했으면'이 맞는 세상인 것 같다.

013 　조금도 이상하지 않아

　여든 살이 넘은 노인이 젊은 여자를 아내로 맞았는데, 곧 아내가 임신을 하였다. 노인은 놀랍기도 한 한편, 이상한 생각이 들어 랍비를 찾아가 물었다.

　"선생님, 이건 너무 빠르지 않습니까?"

　랍비는 이렇게 대답했다.

　"우산을 접어든 한 사나이가 산야를 헤매다 한 마리의 사자를 만났습니다. 사자의 공격을 받은 그 사나이가 우산대로 사자를 찔렀고 사자는 힘없이 그 자리에 쓰러지고 말았지요."

　"아니, 선생님 그럴 수가 있습니까? 정말 이상한 일이군요."

　"아니요, 조금도 이상한 일이 아닙니다. 그 사나이 뒤에 있던 진짜 포수가 사자를 향해 총을 쏘았으니까요."

· · ·

겉보기에 사자처럼 튼튼하고 정력 넘치던 사람들이 갑자기 쓰러져 다시는 일어나지 못하는 일이 비일비재하다. 어느 직장이나 어제까지 같이 일하던 동료 한두 명 그렇게 허망하게 잃은 경험이 있을 것이다.

한국인의 사망 원인 중 다섯 손가락 안에 꼽히는 게 '심혈관질환'이라고 의사들은 말한다. 과음과 흡연, 불균형한 식습관, 운동 부족, 과중한 업무 스트레스 기타 등등으로 심혈관질환이 늘고 있다. 결론은 죽기 싫으면 알아서 자기 건강관리를 하라는 소리인데, 알다시피 그게 어디 쉬운 일인가? 총알이 빗발치듯 쏟아지는 전장에서 매일같이 무사히 귀가하기란 하늘의 별따기이니 말이다.

014 긍정

학년말 성적표를 받아온 아들이 밝은 얼굴로 아버지에게 말했다.

"아버지, 우리 반에서 내 인기가 최고인가 봐요. 선생님이 나보고 1년만 더 있어달라고 부탁까지 하셨어요."

"……."

· · · ·

 인간이란 얼마나 긍정적일 수 있는가? 그 답은 아마도 최악의 부정적인 상황 속에서 찾아볼 수 있지 않을까.

 코맥 매카시의 장편소설 『로드(The Road)』는 아버지와 아들이 걷는 길에 대해 이야기한다. 전 지구를 휩쓴 재앙 속에서 살아남은 소수의 생존자들. 살기 위해 사람을 잡아먹는 일도 서슴지 않는 최악의 묵시록적인 상황.

 어딘가 있을 희망을 찾아 음울한 잿빛 길을 걸으며 숱한 고비를 함께 넘긴 아버지가 마지막에 죽어가며 아들에게 이야기한다.

 "괜찮아. 선(善)이 너를 찾을 거야. 언제나 그랬어. 앞으로도 그럴 거고."

 인간은 정말 얼마나 더 긍정적일 수 있단 말인가.

015 신의 뜻이 아니야

산적들의 습격으로 겁탈을 당한 아내의 남편이 랍비에게 호소하였다.

"랍비님, 이혼할 생각입니다."

"아니요. 모두가 신의 뜻이니 마음을 돌리시오."

"힘이 센 산적들에게 습격당한 건 신의 뜻이라고 생각합니다. 그리고 어쩔 수 없이 겁탈당한 것도 신의 뜻이고요. 하지만 아내가 산적 놈과 같이 엉덩이를 움직이고 있었던 것은 결코 신의 뜻이 아닙니다."

· · ·

엉덩이 밑에 뾰족한 돌이 깔려 있던 탓이라면 어쩔 수 없었을 듯도 한데······.

고대의 힌두교 법에서 혼인은 결코 끊을 수 없는 성스러운 의식으로 파악되었다고 한다. 따라서 아내가 외간 남자와 잠자리를 가졌어도 혼인이라는 법적 유대를 끊을 수는 없게 했다는 것이다. 그러나 오늘을 보자. 한 해 이혼하는 커플의 수가 엄청나다. 몇 년 전만 해도 이혼은 밖으로 드러내기에 창피한 일이었지만, 이제는 너무 흔하다보니 다들 그런가보다 여긴다.

맺기도 어렵고 끊기도 어려운 게 인연이란 소리는 이미 옛말이다. 맺기도 쉽고 끊기도 쉬운 게 인연이 되어가고 있다. 검은 머리가 파뿌리가 될 때까지 살겠다던, 고로 죽기 전까지는 결코 헤어지지 않겠다던 맹세는 까마득히 잊은 채 말이다. 이혼한 많은 이들이 자주하는 말이 있다고 한다.

"헤어지면 행복할 줄 알았는데, 그것도 아니더라."

인연의 무게를 조금이라도 안다면 쉽게 결정내릴 일이 아닌 게 이혼이다.

016 믿을 수 있는 친구

한 회사에서 근무하는 두 사람의 동료가 있었다. 그런데 한 친구가 동료의 아름다운 부인의 미모에 반해서 몸이 달았다. 친구 몰래 접근해 별 유혹을 다해 보아도 지조가 굳은 부인의 마음은 움직이지 않았다. 그래서 그는 1000마르크의 돈을 주겠다고 제의했고, 부인도 유태인 기질답게 돈 앞에 굴복하고 말았다.

"내일 우리 그이가 출장을 가니까 그때 오세요."

다음날 아침, 돈이 급해진 친구는 출장을 떠나는 동료를 붙들고 1000마르크를 꾸었다.

"몇 시간이면 돌려줄 수 있으니 좀 꾸어 주게, 내 꼭 자네 부인한테 갖다 주겠네."

출장에서 돌아온 남편이 아내에게 물었다.

"오늘 내 친구 다녀갔지?"

아내는 얼굴이 변하며 떨리는 목소리로 그렇다고 대답했다.

"1000마르크를 갖고 왔지?"

"예⋯⋯."

그러자 남편은 안심이 된 표정을 지으며 말했다.

"역시 그 친구는 믿을 수 있어."

• • •

인터넷에 종종 올라와 심금을 울리는 사진들이 있다.

발레리나 강수진의 흉측하다 못해 기괴하게 뒤틀린 발, 박지성의 상처투성이 발⋯⋯.

그 사람의 인생의 고단함과 영광을 고스란히 드러내주는 발. 그 숱한 누구누구의 발을 찍은 사진 중에 이런 사진이 올라온다면 어떨까?

'믿는 도끼에 발등이 찍혀 성할 날이 없는 발'

017 이유 있는 의문

　짐을 붙이기 위해 우체국 창구에 소포를 밀어 넣었다. 짐에는 우표가 붙여져 있었으나 소포를 검사한 창구 직원이 불만스럽게 말했다.

　"이 짐은 너무 무거우니까 우표 한 장 더 붙이세요."

　"아니, 그러면 더 무거워지지 않습니까?"

   ● ● ●

  인간이 평생 동안 흘리는 눈물을 모두 모으면 얼마나 될까? 1킬로그램이나 채 될까? 혹 그렇다 해도 그 눈물의 무게를 감히 1킬로그램이라고 단언할 수 있는가? 절대적 수치인 무게가 인간에게 오면 그 얼마나 상대적인가?

  1그램도 채 나가지 않지만, 누군가의 소중한 마음을 전하는 우표 한 장의 무게 또한 얼마나 무거운가?

018 좋은 생각

창사 30주년을 맞은 어느 회사의 사장이 궁리를 하고 있었다. 많은 사람들의 시선을 끌 만한 행사를 치러 사원들을 기쁘게 해주고 싶었다.

"고객의 눈길을 끌고 사원들도 기쁘게 해주면서도 돈이 들지 않는 행사는 없을까?"

사장의 말에 총무이사가 자신 있게 의견을 내놓았다.

"좋은 생각이 있습니다. 사장님이 용기를 보이시면 되는 일입니다."

"오, 그래! 어서 말해 보게."

"예, 사장님이 한번 목을 매 보십시오. 그러면 많은 사람들의 눈길을 끌고, 사원들도 즐거워 할 것이고, 물론 돈도 한 푼 들어가지 않을 것입니다."

• • •

2009년 8월 30일 통계청이 발표한 '2008년 사망원인 통계결과'에 따르면 지난해 총 사망자는 24만 6113명으로 하루에 672명이 목숨을 잃었고, 특히 하루에 35명꼴로 자살을 했다고 한다.

감당할 수 없는 빚, 성적 비관, 실연의 고통 등등. 스스로 목에 밧줄을 매게 하는 숱한 고통들이 있었다.

그중에 나의 고통이 아닌, 누군가의 고통을 위해 내 목에 밧줄을 매는 이도 분명 있을 것이다. 아니, 있었다.

019 독일 병사의 기술

1차 세계대전 때 독일군의 공격 무기는 실로 가공할 만하였다. 그만큼 발달된 기술을 가지고 있었다. 어느 날 유태인 남자가 랍비를 찾아왔다.

"랍비님, 우리 집 딸애가 독일 병사에게 겁탈을 당해 아이를 가졌습니다."

랍비는 그 남자를 위로해 보냈는데, 그 후 석 달 만에 아이가 태어났다. 랍비가 공연히 독일 병사를 오해한 유태인 남자를 불러 야단치자 그는 이렇게 대답하였다.

"독일 병사들의 기술로 보면 불가능한 일만도 아닙니다."

．．．

앞으로는 정말 불가능한 일이 아닐 수도 있지 않을까?

인간 복제가 성큼 눈앞으로 다가온 오늘날. 누군가 이렇게 생각할 법도 하다.

"인간의 임신주기는 쓸데없이 길기만 해. 열 달 동안 뱃속에서 아이를 키우느라 산모가 얼마나 불편하겠어? 산모의 생산성 저하가 불가피하니 사회적으로도 큰 비용 손실일 수밖에 없지. 음, 뱃속에서 아이를 한 달 만에 다 키워서 출산시키는 약을 발명해야 하겠군."

기술이 철학을 낙태하는 순간, 기술은 기형아가 된다.

020 만성병

유태인 여자가 그리스도교를 믿는 의사에게 진찰을 받았다.

"언제부터 몸이 이상하던가요?"

"예, 티샤베아브 때부터입니다" 하고 말하자 의사가 다시 물었다.

"그게 무슨 말인가요?"

유태인 여자가 대답하였다.

"8월의 단식일을 말합니다. 지금부터 약 2000년 전, 예루살렘의 성전이 파괴된 날이기도 하지요."

"여보세요, 부인, 그렇게 오래된 만성병은 치료할 수가 없습니다."

· · ·

　플라시보(Placebo)란 '마음에 들게 하다.' 라는 라틴어로 약리적으로 전혀 효과가 없는 약을 투약함에도 불구하고 환자가 그것이 효과가 있을 거라고 믿을 경우 실제로 효과가 나타나는 경우를 말한다.

　반대로 노시보(Nocebo)란 '해를 끼치다.' 라는 라틴어 뜻으로 효과가 분명히 있어야 할 치료법임에도 환자가 의심해서 잘 낫지 않는 경우를 말한다.

　현대사회는 플라시보라는 강한 믿음을 가진 사람보다 노시보란 만성 의심 및 불안에 시달리는 사람들이 갈수록 더 많아지고 있는 것 같다.

　긍정적인 시각은 불행을 행운으로 만든다. 반대로 부정적인 시각은 행운도 불행으로 만든다. 갈수록 삶은 삭막해진다. 긍정의 힘을 굳게 믿어야 할 때이다.

021 신학도의 결혼

장래가 촉망되는 유능한 신학도가 중매로 약혼한 뒤 결혼하게 되었다. 그러나 많은 친구들의 축복을 받았음에도 그는 기쁜 표정이 아니었다.

"왜 그러나? 무슨 걱정이라도 있는가?"

친구들의 물음에 신랑은 엉뚱한 걱정을 하고 있었다.

"결혼을 했지만 막상 어떻게 하는 건지 도무지 알 수가 없어서……."

"이 사람 별 걱정 다하네. 저기 지붕 위의 비둘기들을 보게. 두 마리가 사랑을 나누고 있지 않은가. 또 이쪽 지붕 위에서도 고양이가 사랑에 빠져 있고 말이야. 자네도 저렇게 하면 되는 거야."

며칠이 지난 뒤 어두운 표정으로 나타난 신랑이 말했다.

"아내가 지붕에서 떨어져 크게 다쳤어."

　　　　● ● ●

　사기꾼들 사이에 이런 말이 있다고 한다.

　"세상에서 가장 속이기 쉬운 사람은 똑똑한 사람이고, 세상에서 가장 속이기 힘든 사람은 하나밖에 모르는 사람이다."

　반대가 아닌지 의문이 들지만 곰곰이 생각해 보면 그럴듯하다. 실제로 사기꾼에게 속는 사람들은 자기 꾀에 자기가 넘어가는 경우가 대부분이다. 사기꾼의 역할이란 그럴듯한 작은 빌미 하나를 제공하는 것뿐.

　그러나 하나밖에 모르는, 한 치의 의심 없이 곧이곧대로 자신이 믿는 것밖에 모르는 사람은 아무리 속이려고 해도 넘어가지를 않는다고 한다. 갖은 그럴듯한 감언이설로 꾀어도 당최 쇠귀에 경을 읊는 것과 마찬가지인 것이다.

　똑똑하다고 꼭 자랑할 만한 일은 아니다. 바보처럼 보여도 하나만 믿고 우직하게 걷는 사람이 더 멀리, 더 높게 갈 수도 있다.

022 훈장의 값

공을 세운 유태인 병사가 러시아 정부로부터 훈장을 받게 되었는데 훈장 대신 100루블을 받을 수도 있었다. 유태인 병사가 물었다.

"내가 받게 되는 훈장은 얼마짜리입니까?"

"바보 같은 친구, 훈장이란 명예일 뿐이지 돈으로 환산하면 1루블도 안 돼."

"그러면 훈장과 99루블을 받을 수 없을까요?"

•　•　•　•

　우리는 살아가며 명분과 실리라는 두 가지 길 앞에서 딜레마에 빠지는 경우가 많다. 명분을 얻자니 당장의 실리가 아깝고, 실리를 취하자니 명분을 잃는 게 두렵다. 그렇다고 두 가지를 함께 얻고자 수를 쓰다가는 모두를 잃어버릴 가능성이 높다.

　명분 없는 실리는 교활한 짓이요, 실리 없는 명분도 공허할 수밖에 없다. 방법은 한 가지. 두 가지를 함께 얻고자 노력하는 게 아니라, 두 가지를 모두 잃지 않게 노력하는 것이다. 합집합이 아닌 교집합을 얻어야 한다는 뜻. 명분과 실리를 조금씩 양보한다고 생각하면 의외로 문제가 쉽게 해결될 수 있다.

023 재빠른 상술

한창 총격전이 벌어지고 있는 전선의 참호 속에서 물을 팔고 있는 유태인 상인이 있었다. 그는 2개의 물 항아리를 지고 다녔다.

"물 한 잔에 15프러토트요!"

그때 적의 총알이 날아와 물 항아리 하나를 맞췄다. 1개의 물 항아리에서 금세 물이 새기 시작하였다. 상인은 재빨리 외쳐댔다.

"물 한 잔에 30프로토트요!"

· · ·

　희소성의 법칙에 따르면 약삭빠른 것이 아니라 지극히 당연한 상술일 뿐이다. 마찬가지로 희소성의 법칙에 따라 오늘도 시장은 이렇게 형성되고 있다.

　개인 또한 마찬가지다. 희소성에 따라 우리는 다른 값에 매겨진다. 그렇다면 나만의 희소성이 있는가?

　바이올린의 대가 쿠벨리크는 열 손가락을 손가락별로 보험에 가입했다고 한다. 엄지손가락은 75만 프랑, 왼쪽 새끼손가락은 22만 프랑, 나머지 손가락들은 각각 27만 프랑씩이란다. 오페라 가수 마리아 칼라스는 그녀의 목을 1천만 프랑의 보험에 가입했고, 소피아 로렌은 그녀의 가슴을 보험 들었다.

　우리에게는 어떤 희소성이 있는가? 신은 누구에게나 한 가지씩 남보다 뛰어난 재능을 각각 주었다. 없다고는 말하지 말자. 게을러 못 찾았다고 말하자.

024 치사한 귀신

"랍비님, 제 아내를 살려 주십시오. 아무래도 가망이 없어 보입니다."

랍비는 잠시 기도를 한 후 확신에 찬 목소리로 말했다.

"안심하시오. 내가 귀신을 야단치고 칼을 빼앗았다네."

랍비를 찾아온 사나이는 랍비에게 고맙다는 인사를 하고 돌아갔다. 그런데 며칠 뒤 다시 찾아와 비통한 얼굴로 말하는 것이었다.

"랍비님, 제 아내는 결국 죽었습니다."

이 말에 랍비는 얼굴 가득히 분노의 표정을 지으며 말했다.

"치사한 귀신 같으니, 내가 칼을 빼앗았더니 결국 맨손으로 죽였군."

최근 미국에서 개봉한 영화 〈파이널 데스티네이션 4〉가 2주 연속 박스오피스 1위를 차지했다고 한다. 가까스로 죽을 운명에서 살아난 인물들이 어처구니없는 사건사고들로 하나둘 차근차근 죽어간다는 얘기인데, 영화의 주제는 단 하나다. 죽을 사람은 반드시 죽는다는 것!

　　그렇다면 사람이 죽음에 이르는 방법은 대체 몇 가지나 될까? 어떤 소설의 제목이 『800만 가지 죽는 방법』이라는데 아무리 방법이 다양하다고 해도 영화처럼 변하지 않는 것이 하나 있으니 바로 죽는다는 것, 그것이다.

　　언젠가 우리는 모두 생을 마감한다. 안타까운 것은 이 진실을 우리는 잊고 산다는 것이다.

025 유태인식 윤리관

아들이 아버지에게 물었다.

"아빠, 우리가 따라야 할 윤리란 어떤 것인가요?"

"쉽게 예를 들면 이렇지. 만약 손님이 물건 값을 내고 거스름돈 50실링을 잊은 채 그냥 갔다고 하자. 이때 이 50실링을 혼자 호주머니에 넣어버릴 것인가, 아니면 동업자와 똑같이 나누어 가질 것인가를 생각하는 것이라고나 할까."

・・・

　학창 시절 매해 새 학년에 진급하면 꼭 거쳐야 하는 통과의
례가 있었으니 바로 가정조사였다. 가족 구성은 어떻게 되는
지, 아버지 직업은 무엇인지, 최종학력은 어떤지, 자가용이 있
는지, 하다못해 집에 텔레비전, 냉장고, 비디오가 있는지…….
　잘살고 많이 배운 집 아이는 대체적으로 집안 자랑하는 날
이었고, 그렇지 않은 아이들은 괜히 제가 잘못한 것 같아 기만
팍팍 죽는 날이었다. 그래도 잘살던 못살던 거리낌 없이 쓰던
칸이 하나 있었으니 바로 가훈 란이었다.
　요즘 누군가의 가훈이 세간의 관심을 집중시키고 있다.
　「정직하라」
　정말 정직한지는 모르겠지만, 어린 시절 가정조사에 적던
그 마음처럼 지금 당장은 아니더라도 꼭 그렇게 되기를 간절
히 염원한다.

026 명분이 중요해

　낡은 교회를 수리하기 위해 기독교인들이 모금을 하고 있었다. 이들은 유태인 가게에도 모금을 위해 찾아왔다. 유태인인 가게 주인은 난처했다. 왜냐하면 모두가 단골손님이니 모금을 거절할 수도 없었고, 그렇다고 교회 수리비를 내는 것도 유태인 율법에 어긋나기 때문이었다. 생각다 못한 유태인이 말했다.

　"교회를 수리하려면 먼저 허물어내야 하는 일도 있겠지요."

　"그렇고말고요."

　"그럼 그 허물어내는 비용을 제가 부담하겠습니다."

· · ·

  옛 선비들은 엽전 한 푼어치도 안 되는 명예와 대의명분에 기꺼이 목숨을 버렸다고 한다. 요즘의 선비들은 엽전 한 푼어치라면 명예와 대의명분은 헌신짝처럼 내던진다.

  명분보다 실리를 좇는 가히 실사구시(實事求是)의 전형이라 할 만하니 뭐라 말하기도 뭣한 일이 아닐 수 없다.

027 엄청난 손해

　한 달에 한 번씩 주기적으로 겪는 일로 아내가 남편에게 미안해하며 말했다.

　"여보, 일주일 동안은 당신과 같이 잘 수가 없어요. 50마르크를 가지고 가서 적당히 몸을 풀어요."

　남편은 아내의 고마운 마음을 받아들여 돈을 가지고 유곽을 찾아 나섰다. 그때 집 밖에서 이웃집 여자를 만났다.

　"어디를 가시는데 그렇게 기분이 좋아 보이시나요?"

　이웃집 부인이 묻자 남편은 사실대로 말을 했다.

　"어머나! 그런 일이라면 불결한 유곽보다는 우리 집으로 가시죠. 50마르크면 이웃집 분이니 잘해 드릴게요."

　1시간 뒤 남편이 볼 일을 마치고 집에 오자 아내가 깜짝 놀라 물었다.

"어머, 왜 벌써 왔어요?"

남편이 이웃집 부인과의 일을 숨김없이 털어놓자 아내는 너무도 억울하다는 표정이었다.

"그 여자에게 50마르크나 주었다고요? 난 그 여자 남편한테 1마르크도 받아본 적이 없는데, 그러면 이건 너무 엄청난 손해 아니야."

● ● ●

만약 간통죄가 없는 나라에서 이런 일이 벌어졌다면 어떻게 됐을까?(단, 성매매는 불법으로 삼는 나라에서) 아이러니컬하게도 돈을 쓴 남자는 구속되겠지만, 돈을 쓰지 않은 옆집 남자는 구속되지 않을 것이다.

이런 억울한 남자가 없기 위해 간통죄가 존속되어야 한다고 생각하는 사람은 물론 없겠지만.

028 충직한 하인

주인이 잠자리에 들기 전에 하인에게 일렀다.

"새벽 5시에 꼭 깨우도록 해라."

충직한 하인은 잊지 않고 새벽 3시가 되자 주인을 깨웠다.

"나리, 일어나실 시간이 2시간 남았습니다."

● ● ●

어느 짤막한 우화 중에 이런 글이 있다.

숲 속에 소녀 도깨비가 살았다. 그녀는 정월 샛별이 뜨는 새 벽녘에 숲을 조용히 지나간다는 산신령을 만나 도깨비 탈을 벗겨달라고 소원을 비는 게 꿈이었다. 그러나 번번이 늦잠을 자는 통에 소녀 도깨비는 산신령을 만나지 못했다. 서둘러 깨보면 늘 산신령이 지나간 뒤였던 것이다. 그렇게 쉰 번 정도의 정월이 지나가자 소녀 도깨비도 노파 도깨비로 변해 숲에서 쫓겨날 때에 이르렀다. 그때서야 도깨비는 깨달았다. 그가 산신령을 만나지 못한 것은 담요 때문이라는 것을. 그 담요 속의 따뜻함이 번번이 그를 늦잠에 곯아떨어지게 했던 것이다.

그는 황량한 모래펄로 쫓겨나면서 후배 도깨비들에게 말했다.

"젊은 날엔 안락함을 좇아선 안 된다. 내가 담요 하나에 생을 망쳐 버린 것을 귀감으로 삼아라."

충직한 하인은 평소 깨울 때마다 2시간씩 담요 속에서 뒤척이는 주인을 위해 새벽 3시에 깨웠던 것이다.

029 실속

   도매상에서 물건을 산 유태인이 물건 값으로 어음을 지불했다. 가게 주인은 고맙다는 인사로 장갑 한 켤레를 유태인에게 주었다. 그런데 유태인이 선물이 적다고 불평을 하는 것이었다.

   "겨우 이게 선물인가요?"

   "그러면 당신이 지불한 이 어음을 달라는 거요?"

   가게 주인이 농담 삼아 대답하자 유태인은 당황한 표정으로 말했다.

   "천만의 말씀, 그보다야 이 장갑이 실속이 있지."

· · ·

가계 부채가 사상 최고치를 기록하고 있다고 연일 난리다. 그에 비해 대출상환 능력은 갈수록 떨어지고 있단다. 한마디로 자칫하다가는 패가망신할 가정이 부지기수라는 소리다.

그런데 부동산 시장은 좀처럼 떨어질 기미를 보이기는커녕 가파르게 오를 거란 예상마저 나오고 있다. 상식적으로 이해할 수 없는 일인데, 대출받아 집 몇 채씩 산 사람들이 언제 터질지 모를 폭탄을 이리저리 돌리기 위해 여론을 조작하고 있다는 설도 주목을 받고 있다. 물론 그 주범 중의 하나는 정부라는 소리도 심심찮다.

쪽박 차는 회사 중 가장 죄질이 나쁜 것이 망할 줄 알면서도 어음을 이리저리 돌리는 회사다. 죽으려면 저 혼자 죽으면 될 일을 엄한 주위사람까지 물귀신처럼 끌어당기는 꼴이니.

투자할 때와 실속을 차릴 자리를 구분해야 피해를 보지 않는다는 것을 명심해야 한다.

030 알 수 없는 일

아버지가 아들에게 성냥을 사오라고 시켰다. 그런데 아들이 사온 성냥이 하나같이 불이 붙질 않았다. 이를 지켜본 아들 녀석이 이상한 듯 고개를 갸우뚱거리며 중얼거렸다.

"정말 알 수 없는 일이네, 아까까지도 전부 불이 붙었었는데 말이야."

• • •

"외계인의 음모 탓이야."

"비밀 세계 정부의 탓이야."

주위에 우스갯소리라도 이해하기 어려운 일이 생길 때마다 음모론을 주장하는 친구들이 있을 것이다. 물론 농담 삼아 이야기하는 것이라 가볍게 넘기게 되지만, 이게 개인적인 음모론으로 끌어들일 때면 상황이 자못 심각해지는 경우도 종종 있다.

"내가 실패하는 이유는 이놈의 뭣 같은 세상 탓이야."

제 실수를 세상에 떠넘기다 못해 화풀이할 대상을 찾아 밤거리를 떠도는 못난 인간들이 요즘 한둘이 아니니 말이다.

031 아전인수

  군부대가 있는 주변에는 위안부가 많이 있기 마련이다. 그런데 공교롭게도 위안부들이 살고 있는 집 맞은편에 수녀들이 기거하는 수도원이 있었다. 어느 날 예수교 목사가 위안부의 집으로 들어가는 것을 목격한 수녀가 말했다.

  "뻔한 일이지. 겉으로는 깨끗한 척하면서 뒤로는 저런 짓을 하고 있으니."

  며칠 뒤 유태의 랍비가 역시 위안부 집에 들어가는 것이 눈에 띄었다.

  "예수를 십자가에 못 박히게 한 악독한 사람들인데 오죽하려고."

  그런데 공교롭게도 가톨릭 신부가 그곳에 출입하는 것을 보게 된 수녀는 이렇게 말했다.

  "저 집에서 누군가가 세상을 떠난 모양이군."

* * *

　사창가에 각종 종교가 백화점을 이루고 있다니, 불쌍한 어린 중생을 교화하기 위해 불철주야 노력하는 종교의 위대함에 어쨌든 고개를 숙이지 않을 수 없는 유머다.

　그러나 남이 하면 불륜이요, 내가 하면 로맨스라고 했던가. 서로 잡아먹지 못해 안달을 하는 꼴이 딱 우리네 요즘 종교 같은데, 그래도 반가운 일은 몇몇 종교가 예전의 불화를 극복하고 서로를 인정하기 시작했다는 것이다. 물론 아직도 자신들만이 유일하다고 믿는 이들도 많지만.

032 상대성이론

아름다운 처녀가 랍비를 찾아가도 랍비는 랍비일 뿐이고, 처녀는 여전히 처녀일 뿐이다.

하지만 반대로 랍비가 처녀를 찾아가면 랍비는 이미 랍비가 아니며, 처녀도 또한 처녀일 수가 없다.

상대성이론이 어렵기는 어려운가보다. 성인이 되어서도 이 이론을 깨닫지 못해 곤욕을 치르는 이들이 많으니 말이다.

학교에 학부모가 찾아갈 수는 있지만, 교사가 학부모와 단란주점에서 만나 술을 마실 수는 없는 노릇이잖은가? 기업가가 정치인에게 찾아가 애로사항을 말할 수는 있지만, 정치인이 먼저 기업가를 찾아가 트렁크를 열어놓을 수는 없는 노릇 아닌가!

자신이 있어야 할 자리를 벗어나려면 큰 모험을 감수해야 한다는 것을 명심해야 한다.

033   나무토막

지방출장을 다녀온 직원이 출장비를 쓴 명세서를 올렸다.

'점심값 4마르크, 교통비 3마르크, 여관비 25마르크, 나는 나무토막이 아니라 80마르크' 라고 적혀 있었다. 이러한 명세는 15일간이나 똑같은 내용이었다. 사장은 직원을 불러 호통을 쳤다.

"여보게, 자네가 나무토막이 아니면 그럼 무쇠란 말인가?"

    ● ● ●

  대한민국 기업에 다니는 직장인이었다면 크게 문제될 게 없을지도 모르겠다. 명세서에 굳이 "나는 나무토막이 아니다."라고 직접 표현할 필요 없이 접대비로 적어 넣으면 되니 말이다.

034 예비 행위

독일 장교와 마주 앉아 여행을 하고 있는 유태인이 있었다. 유태인이 담배를 꺼내 입에 문 뒤 성냥불을 붙이려고 하였다. 그때 독일 장교가 벌떡 일어나 유태인이 입에 문 담배를 낚아 채 문밖으로 내던졌다.

"이게 무슨 짓이오!"

"이 무식한 사람아, 차 속에서는 금연이란 것도 몰라?"

"하지만 아직 불을 붙이지 않았는데요."

"담배를 피우기 위한 예비 행위도 안 된단 말이야."

유태인은 독일 장교의 기세에 눌려 입을 다물었다. 그런 후 얼마나 지났을까 독일 장교가 가방에서 신문을 꺼내 펼쳐 들자 이번엔 유태인이 그 신문을 낚아채 창밖으로 버렸다.

"아니, 이 친구가 미쳤나? 남의 신문은 왜 버려!"

"차 속에서는 배설 행위를 할 수 없소이다."

"내가 무슨 배설을 했다는 거야!"

"배설을 위한 예비 행위도 안 된단 말이오."

• • •

대한민국 브랜드를 깎아먹는 1등 공신 중의 하나가 불법 시위라고 한다. 자기들 요구에 맞지 않으면 떼거리로 몰려들어 쇠파이프부터 휘두르는 모습이 전 세계에 대한민국의 이미지를 실추시킨다는 것이다.

어쨌든 시위가 많이 일어나니 일견 타당한 말인 것도 같다. 그래서 시위를 아예 원천 차단하는 갖가지 묘수들이 등장하고 있다. 결국 나라에 불만이 있어 집회 좀 하려는 사람들은 하고 싶어도 할 수 없는, 했다가는 무조건 불법 시위자로 쇠고랑을 찰 위기에 처했다.

"너는 불법을 저지를 가능성이 크니 앞으로 아무것도 못하게 하겠다."

정부가 시민에게 이렇게 말하니 어쩌겠는가. 힘없는 시민은 입을 틀어막고 살밖에. 그런데 잠재적인 범법자 같아 괜히 억울해지는 기분은 또 왜일까?

035 신의 뜻

많은 사람들이 함께 예배를 볼 때마다 큰소리로 기도를 드리는 유태인이 있었다. 빵가게를 하고 있는 이 사람을 밉게 생각한 이웃집 사람이 그를 향해 소리쳤다.

"당신은 목소리를 낮추는 대신 빵의 크기나 크게 하시오. 그것이 바로 하나님의 뜻이오."

● ● ●

나이 쉰 살을 지천명(知天命)이라 하는데 내가 이 세상에 나온 까닭을 비로소 깨닫게 된다는 뜻이다. 이참에 나이를 뜻하는 한자어를 알아보자.

10세 : 충년(沖年, 아주 어린 나이)

15세 : 지학(志學, 학문에 뜻을 둘 나이)

20세 : 약관(弱冠, 남자가 20살이 된 때)

30세 : 이립(而立, 나이 서른 살을 달리 이르는 말)

40세 : 불혹(不惑, 세상사는 일에 갈팡질팡 헤매지 않을 나이)

50세 : 지천명(知天命, 타고난 운명을 아는 때)

60세 : 이순(耳順, 생각하는 것이 원만하여 어떤 일을 들으면 곧 이해가 된다.)

61세 : 환갑(還甲), 회갑(回甲, 예순한 살을 축하하는 일)

70세 : 고희(古稀), 종심(從心) 일흔 살까지 산다는 것은 옛날에는 드문 일이었다.

77세 : 희수(喜壽), 희(喜)의 초서체가 77로 보인 데서 유래한다.

80세 : 산수(傘壽), 산(傘)자의 팔(八)과 십(十)을 팔십(八十, 80)으로 간주한 것.

88세 : 미수(米壽), 미(米) 글자를 八과 十과 八로 풀이한 것.

90세 : 졸수(卒壽), 졸(卒)을 풀이하면 구(九)와 십(十)이 된다.

99세 : 백수(白壽), 자획의 분해가 아니라 100에서 1을 빼어 99란 셈이다. 백(百, 100)에서 일(一, 1)을 빼면 백(白, 흰백)자가 되므로 백수(白壽)라고 한다.

100세 : 천수(天壽, 하늘이 준 운명), 기원지수(期願智壽)

어디 가서 용감하다는 소리 듣지 않으려면 이 정도는 상식으로 알아야 하지 않을까?

036 비용

여행이 잦은 사람에게 물었다.

"출장이 잦아서 비용이 많이 드시죠?"

"예, 많이 들어요. 하지만 아내와 같이 가면 2000프랑이 들고, 나 혼자서 출장을 가면 4000프랑이 듭니다."

　젊은 사람일수록 여행에 목숨을 거는 풍조다. 심심찮게 수십 개국을 여행했다는 젊은이들을 만난다. 외국 배낭여행 못 해본 사람은 사람 축에도 못 끼는 것 같다. 특히 혼자 떠나는 여행을 자주 이야기한다. 단체여행은 고등학교 수학여행에서 끝냈고, 늙어 관광여행 때나 할 일이라고 생각하는 듯하다.

　왜 혼자 떠나느냐고 물으면 다양한 답이 나온다. 구속에서 벗어나 자유로움을 느끼고 싶다거나, 진정한 나 자신과 마주하기 위해서 등등. 그중에 누군가 우스갯소리로 하는 소리를 들었다.

　"나도 혼자 떠날 거야. 단 각 나라의 국경을 넘을 때마다, 그 나라의 여자와 만나 여행을 할 거야. 세계의 다양한 여자들을 만난다는 생각만 하면 가슴이 떨려."

　혼자 떠나는 이유 중에 흑심을 품은 이도 분명 있을 법하다.

037 사망 기사

　히틀러가 한창 기승이던 시대에 베를린에 살던 유태인들은 하루도 빠지지 않고 신문을 사서 읽었다. 그런데 1면 기사만 훑어 보고는 신문을 버렸다. 이를 이상히 여긴 독일 사람이 물었다.

　"왜 신문을 다 읽지 않고 버립니까?"

　"1면만 읽으면 되니까요."

　"왜 그런가요?"

　"1면에 나야 할 사망 기사만 찾으면 되니까요."

・・・

　부고란도 문화권에 따라 차이가 난다고 한다. 예컨대 죽음을 알리는 부고가 살아 있는 사람을 위주로 하는지, 죽은 사람을 위주로 하는것인지 이다.

　미국의 부고란을 보면 죽은 사람의 이름이 주어가 되고 나머지 사람들은 목적어가 된다고 한다. 그러나 우리나라 부고란의 주어는 자식이다. 내 아버지 누구, 내 어머니 누구가 죽었다는 식이다. 산 사람들의 체면을 중요시하는 문화라는 생각이 드는 것은 오해일까?

038 이제 생각하니

남편이 예정보다 일찍 출장에서 돌아와 대문을 두드리자 아내는 한참만에야 문을 열었다. 남편이 욕실로 향하자 아내가 당황해서 문을 막아섰다.

"새 수건이 있는 부엌에서 닦아요."

"아니야, 욕실에서 닦겠어."

남편이 욕실 문을 열어젖히자, 거기에 웬 사내가 쪼그리고 앉아 있었다. 사내가 싱긋 웃으며 남편에게 말하였다.

"미안합니다. 저는 2층에 사는 부인과 가깝게 지내는 사람인데, 그 댁 주인께서 일찍 돌아오시는 바람에 창문을 통해 아래층으로 내려왔습니다. 좀 양해해 주시고 현관으로 나가게 해 주십시오."

남편은 너그러운 마음으로 그 낯선 사내를 내보내 주었다.

밤이 늦어 아내와 잠자리에 든 남편은 이런저런 생각에 빠져 있다가 문득 떠오른 생각이 있어 벌떡 일어나 앉았다. 그리고는 곤히 잠이 든 아내의 머리를 힘껏 쥐어박았다. 아내가 깜짝 놀라 눈을 떴다.

"이 망할 놈의 여자야! 이제 생각해보니 우리 집은 2층이 아니고 단층집이잖아!"

· · ·

반 박자 이해가 느린 사람을 빗대 깜박깜박하다가 불이 들어오는 형광등으로 표현한다. 한참이 지난 뒤에야 뒷북을 치니 오죽이나 답답할까? 그러나 형광등이라고 너무 몰아붙이지는 말자. 우리도 언젠가는 모두 형광등이 된다.

특히 함께 텔레비전을 보다가 부모님이 상황을 잘 이해 못하면 "어휴, 어떻게 그것도 이해 못해요!"라고 답답해하는 어리석은 자식이 되지는 말자.

우리의 앞길을 환히 밝혀주던 당신들의 그 길고 긴 인고의 시간을 기억하자. 우리 모두 깜박깜박하다가 어느 순간 필라멘트가 끊기는 운명을 벗어날 수 없다는 것을.

039 역시 유태인 아들

아버지가 아들에게 물었다.

"얘야, 셋에다 셋을 더하면 몇이냐?"

유태인 아들은 망설이지 않고 대답하였다.

"아홉이지요."

"아니야, 여섯이라고 해야 맞지."

"물론 여섯이 맞아요. 하지만 내가 여섯이라고 말하면 아버지는 셋을 깎을 테니까요."

   • • •

   대화의 기본은 설득(說得)이 아닌 경청(敬聽)이다. 하나밖에 없는 입으로 설득해봤자, 두 개나 있는 귀가 지닌 경청의 힘을 이길 수가 없다.

   주위를 둘러보면 곧이곧대로 자기 말만 하는 사람들이 있다. 그중에서도 잘 찾아보면 구구절절 옳은 소리만 하는 사람도 분명 있다. 언젠가 텔레비전 토론 프로그램에서 모 정치인이 다른 정치인을 이렇게 비판한 적이 있었다.

   "구구절절 옳은 소리를 하는데, 정말 싸가지 없게 한다."

   누군가의 말이 진실하다는 것은 큰 힘이다. 그러나 내 말의 진실성 이전에, 내 말을 들어줄 상대방을 존중하는 진심 또한 중요하다. 대화란 혼자 하는 외로운 놀이가 아니다. 함께하는 즐거운 놀이다.

040 농담

곧 무너져 내릴 것 같은 위험한 다리를 어느 유태인이 건너가고 있었다.

"하나님, 이 다리를 아무 일 없이 건너가게 해주시면 5길더를 기부하겠습니다."

기도 덕으로 무사히 다리를 거의 건너가게 되자 유태인은 다시 기도를 했다.

"하나님, 아무래도 5길더는 너무 많은 것 같습니다. 절반이나 아니면 그냥 눈감아주시면 어떨지요?"

마침 그때 다리가 심하게 흔들렸다. 깜짝 놀란 유태인은 다급하게 말했다.

"아이쿠 하나님, 농담으로 한 말인데 뭘 그리 노하십니까?"

● ● ●

　뒷간 들어갈 때와 나올 때가 다르다는 우리네 속담이 있다. 돈이 생기면 제일 먼저 갚을 테니 돈 좀 빌려 달라고 사정사정할 때는 언제고, 돈이 생기자 제가 쓸 것 다 쓰고 제일 나중에야 돈을 갚는 게 우리네 본성 아니겠는가.

　'한계효용체감의 법칙'이라는 경제학 용어를 기억할 것이다. 간단히 말해 그 어떤 산해진미도 먹으면 먹을수록 배가 불러 별 맛을 느끼지 못한다는 만족도 감퇴 이론을 뜻한다.

　단, 사람을 만날 때는 명심하는 것이 어떨까. 첫인상이 중요하다고 하나, 첫인상보다 중요한 게 마지막 인상이다. 처음은 화려했으나 끝이 구린 사람들이 도처에 널린 세상에서 마지막 뒷모습이 아름다운 사람은 영원히 기억될 것이다.

041 피장파장

잘 차려입은 가톨릭 신부가 장난기 어린 얼굴로 유태인을 놀려먹고 있었다.

"어떤 유태인이 죽어 천당엘 몰래 숨어들어 갔다네. 그러다 문지기한테 발각이 되어 추방당하게 됐는데, 이 유태인은 문 뒤에 숨어 도무지 나가려들지를 않더라는 거야. 그래서 문지기가 꾀를 내어 천당 밖에서 경매를 알리는 북을 쳤대. 그때서야 이 유태인이 뛰쳐나갔다고 하더군."

그러나 신부의 놀림을 받은 유태인은 웃으며 말했다.

"신부님, 그 뒤의 얘기는 모르십니까? 그런 엉터리 같은 유태인이 천당을 어지럽혀 놓았기 때문에 천당을 깨끗이 하려는 의식을 하게 됐는데, 이 의식을 맡아 줄 신부가 한 사람도 없었다고 하더군요."

* * *

깨끗한 신부도 찾아보기 어렵다는 이야기인데, 남의 나라 사정이 어떤지는 자세히 알 길이 없지만 대한민국에서 만큼은 "빙고!"를 외칠 법한 이야기 같다.

그러나 이렇게 피장파장을 외치는 사람치고 제대로 된 사람 또한 없다. '피장파장'은 사실 비합리적인 사고의 대표적인 유형이다. 어떤 잘못을 지적하는 사람에게 그 역시 유사한 잘못을 저지르고 있다는 사실을 제기함으로써 더는 자신의 잘못을 지적하지 못하게 하는 피장파장은 두 가지 오류를 범한다.

하나는 전혀 논리적이지 않다. "그 사람은 나보다 더 큰 잘못을 저질렀다"는 주장은, 설령 그것이 사실이라 해도 "나의 잘못은 그리 크지 않다"로 귀결될 수 없기 때문이다.

다음으로 전혀 윤리적이지 않다. 윤리적 덕목 중 '책임'이라는 것이 있다. 즉 피장파장의 오류를 범하는 사람은 자신의 잘못된 행동에 대해 책임지지 않으려는 의도를 갖는 것이라 여겨진다.

똥 묻은 개가 겨 묻은 개를 나무랄 수는 없지만, 겨 묻은 개도 똥 묻은 개를 힐난할 수는 없는 법이다.

042 정의의 승리

거래 관계로 소송하게 된 유태인 상인이 갑자기 출장을 떠나면서 변호사에게 부탁했다. 소송 결과가 나오면 체류하고 있는 여관으로 전보를 보내달라는 것이었다. 며칠 뒤 반가운 소식이 왔다.

'예상대로 정의가 승리하였음.'

전보를 받은 유태인 상인은 굳어진 얼굴로 즉시 변호사에게 회신을 보냈다.

'빨리 항소할 것.'

· · · ·

몇 년 전 미국에서 현직 판사가 한인 세탁소 주인을 상대로 5400만 달러(약 510억 원)의 손해배상을 요구하는 바지소송을 건 황당한 사건이 벌어졌었다. 같은 민족이라서 그랬을까? 우리들은 바지 한 벌로 천문학적인 금액을 요구한 판사의 행동에 기가 막혀 했다.

그러나 곰곰이 따져보면 남의 일만도 아니다. 한국사회는 지금 소송 중이다. 2007년 한 해 형사고소 60만 명, 민사소송 110만 명 이상이 각종 소송에 얽혀 고통을 겪었다. 유럽 선진국의 인구 1만 명 당 소송건수를 가볍게 넘어섰고, 가까운 일본의 6배에 달한다고 한다. 그야말로 21세기 소송 천국의 자화상이다.

재밌는 것은 이렇게 소송이 많은 탓이 바로 그놈의 정(情) 탓이라는 것이다. 신용과 계약 없이 개인 간의 정으로 금전 거래를 하기 때문이라나?

송사에 휩싸이지 않으려면 정이 아닌 계약이 당연한 일인 것 같다.

043 유구한 역사

1933년의 베를린, 유태인을 닮은 이집트의 어떤 외교관이 나치의 무리에게 몰매를 맞았다. 이유는 유태인으로 오인되었기 때문이다. 겨우 신분이 밝혀져 죽음은 모면할 수 있었으나 폭행을 가한 나치의 무리들은 분이 가시지 않은 듯 투덜거렸다.

"아무튼 유태인 족속은 모조리 없애버려야 해."

말을 들은 이집트 외교관은 시큰둥한 표정으로 말했다. "소용없는 일이요. 우리는 이미 4000년 전에 해 보았으니까."

· · · ·

확연하게 구분 짓기도 어렵고, 범위를 넓히느냐 좁히느냐에 따라 차이가 있지만 대략 현재 세계에는 600~700여 개의 민족이 존재한다고 한다.

"어쨌거나 그래봤자 거슬러 올라가면 한 어머니 밑에서 태어난 형제들 아니겠나."라고 말했다가는 뭣도 모르는 사람 취급당할 공산이 크다. 아닌 말로 요즘도 가족 형제간에 쥐꼬리만한 유산을 두고 칼부림을 하는 판인데, 수천 수만 년 전에 형제였다는 게 대수겠는가.

600개가 넘는 민족 중에서 우리가 알고 있는, 유구한 역사를 자랑하는 민족의 대부분은 바꿔 말하면 칼부림에서 이긴 형제라는 뜻일지도 모를 일이다.

044 무식한 것도 죄

한 사나이가 법정에 섰다. 가짜 포도주를 만들어 판 죄 때문이었다. 그러나 그는 변호사를 대지 않고 자기 스스로 변호에 나설 것을 주장하여 허락을 받았다.

"재판관님은 혹시 화학 분야에 대해 잘 아십니까?"

"본관은 법률 전문가이므로 화학은 잘 모르오."

사나이는 입회한 주조 관리에게도 물었다.

"관리 나리께서는 법률에 대해 얼마나 아십니까?"

"화학 기사가 법률을 어찌 안단 말이오."

그러자 사나이는 승리에 찬 기쁜 표정으로 선고하듯 말했다.

"그렇다면 재판관님, 이 무식한 유태인이 어찌 법률과 화학에 대해서 잘 알고 있겠습니까?"

* * *

  모르고 한 행동이니 죄가 아니라는 말인데, 어디 가당키나 한 소린가? '무전유죄 유전무죄(無錢有罪 有錢無罪)'의 원조가 아마도 '무식유죄 유식무죄(無識有罪 有識無罪)'가 아니었을까 싶을 정도로 오늘날 모르면 죄인 취급받기 딱 알맞다.

  특히 법 앞에 만인이 평등하다는 말을 했다가는 정말 무식하다는 소리 듣기 십상이다. 오늘의 법이 어떠하다고 떠드는 것 자체가 입 아픈 소리로 들릴 정도이니.

  가진 것 없고 못 배워도 평범하고 평안하게 살던 우리네 부모님 시대는 이미 오래 전 이야기이다. 돈 없고 배운 것 없으면 잡아먹힐 수밖에 없는 세상이다. 성공하기 위해서가 아니라 패하지 않기 위해 노력해야 한다.

045 신통력

두 사람의 유태인이 각자 자기네 랍비의 신통력을 자랑하였다.

"우리 마을의 랍비님이야말로 정말 신기하고 놀랄 만한 신통력을 가지고 있지."

"그래, 어디 좀 들어보세."

"언젠가 랍비님과 같이 마을 사람들이 마차를 타고 갔네. 그런데 갑자기 비가 오기 시작했지. 사람들이 비를 피하려고 소동을 피우자 랍비님이 손수 손바닥을 펴 하늘을 가렸지. 그랬더니 마차의 양쪽에는 비에 진창이 되었지만 마차가 지나는 가운뎃부분은 멀쩡하더군."

· · ·

　이성을 잃고 무비판적으로 종교를 믿는 사람을 '광신도' 라한다. 종종 텔레비전에 두 손을 하늘로 뻗고 울부짖는 집단을 볼 때가 있다. 작게는 제 집안의 가정부터 크게는 인류의 평화를 위해 하루가 멀다 하고 통곡으로 기도하는 그네들을 볼 때마다 그저 고마움에 눈물이 흐른다.

　그렇다면 광신도의 반대는 무신론자일까? 에릭 호퍼는 광신도의 반대는 신의 존재에 대해 무심한 회의주의자라고 했다. 있는지 없는지 관심 없는, 있어도 그만 없어도 그만인 사람. 믿는 자와 없다고 믿는 자나 어쨌든 믿음 하나만큼은 똑같으니 말이다.

046 이상한 계산

술 생각이 난 한 친구가 이웃에 사는 유태인에게 1루블을 빌렸다. 1년 뒤에 이자 1루블을 합쳐 2루블을 갚는다는 조건이었다. 유태인은 담보로 그 친구의 도끼까지 맡아 놓고 나서 다시 그 친구에게 말했다.

"여보게, 1년 뒤에 2루블을 한꺼번에 갚으려면 힘이 들 테니, 지금 아예 절반을 갚는 게 어떤가?"

그 친구는 옳은 듯싶어 절반인 1루블을 그 자리에서 갚아 버리고 집으로 돌아오며 곰곰이 생각해 보았다.

"이상한 계산이야, 빌린 돈으로 절반을 갚고도 내년에 또 1루블을 갚아야 하고, 게다가 내 도끼까지 맡기지 않았는가."

• • •

　겉보기에는 다들 그냥저냥 비슷하게 하루하루를 사는 것 같지만, 속내를 들여다보면 인간사회는 약육강식의 정글보다 백 배쯤 더 살벌하다. 누군가 돈을 많이 벌었다는 것은, 바꿔 말하면 누군가의 호주머니가 가벼워졌다는 뜻이다.

　혹자는 호기롭게 말한다. 돈은 있다가도 없고, 없다가도 있는 것이라고. 그렇다고 돈에 개의치 말라는 뜻으로 받아들였다가는 필패일 수밖에 없다. 돈은 미꾸라지보다 미끈미끈해 잡으려고 해도 잡지 못하고, 잡아도 곧 도망친다고 생각하라. 그렇다면 잡기도 힘들고, 잡아도 놓치기 일쑤인 돈을 내 호주머니 안에 키우는 방법은?

　누군가 부자가 되는 비법을 말했다. 그 누군가란 부자가 된 거의 모든 이들을 가리킨다. 비법 아닌 비법은 다름 아닌 "가계부를 쓰라!"였다. 돈을 잡으려 하지 말고, 오늘 하루의 내 생활을 잡으면 돈은 좇아오기 마련이다.

047 선수(先手)

두 사나이가 한 여자를 상대로 관계를 맺었는데, 여기서 두 아이 즉 쌍둥이가 태어났다.

하지만 아이들의 아버지가 누구인지 가리기 힘들어 두 사람은 공동으로 부양비를 내기로 하였다. 그러던 어느 날 쌍둥이 중 한 아이가 죽었다.

부양비를 대던 한 사나이가 흐느껴 울면서 이렇게 말했다.

"하필이면 내 아이가 죽다니!"

． ． ．

미국 텍사스 주 댈러스에서 태어난 11개월 된 쌍둥이의 얼굴 특징이 확연하게 달라 아버지가 유전자 검사를 했다고 한다. 그 결과 쌍둥이의 아빠가 각각 다르다고 판명이 났다. 까닭은 바로 아내의 바람 때문이었다.

그는 인터뷰에서 아이들 엄마의 외도에 대해서는 문제 삼지 않고 차별 없이 키우기로 약속했다고 한다. 아내는 바람피운 상대에 대해 끝까지 함구할 것이라나?

어렸을 적 수업 시간에 배웠던 선생님과의 질의응답이 떠오른다.

선생님 - 미국은 우리에게 어떤 나라?

아이들 - 좋은 나라!?

048 두 개의 천국

가톨릭 신부와 유태교의 랍비가 서로 야유 섞인 농담을 주고받았다. 신부가 먼저 말했다.

"내가 어젯밤에 가 본 유태인들의 천국은 왜 그리 더럽고 냄새가 나는지, 게다가 유태인들만 우글거리고 있더군요."

랍비도 질세라 말을 받았다.

"실망이 컸겠군요. 실은 나도 어젯밤에 가톨릭 신자들이 간다는 천국엘 가 보았죠. 참 훌륭했어요. 화창한 날씨와 잘 가꿔진 깨끗한 곳에다 이름 모를 꽃들이 만발하고, 그런데 아무리 살펴봐도 사람이라곤 찾아볼 수가 없더군요."

• • •

아무리 죄 많은 인간이라도 죽어 지옥구덩이에 떨어지고 싶은 자는 없을 것이다. 그런데도 천국으로 가는 길은 낙타가 바늘 구멍 통과하는 것보다 힘들다. 지옥은 극구 사양, 천국은 간절 염원인데, 왜 우리는 결국 실패하는가?

기존의 방법이 쓸모없다면 다른 방법을 생각해 보자. 이참에 나만의 천국을 그려보는 것은 어떨까? 젖과 꿀이 흐른다는 하품 나오는 천편일률적인 천국이 아닌, 나만의 개성 만점 천국을. 정말 가고 싶어 안달이 날만큼 멋져, 오늘 하루도 내일 하루도 남에게 피해주지 않고 점잖게 살 수 있을 정도의 멋진 이상향.

누군가 하지 말라고 하는 것보다 내 스스로 원해서 하는 일은 오래도록 할 수 있다.

049 정말 위대한 인물

포로가 된 독일 병사와 감시를 맡고 있는 유태인이 입씨름을 벌이고 있었다.

"우리 황제는 정말 위대한 분이야, 일주일에 한 번씩은 꼭 전선을 시찰하거든."

이 말을 들은 유태인은 손을 내저으며 말했다.

"아닐세, 위대하기로 치면 러시아 황제가 으뜸이야, 러시아 황제는 꼼짝하지 않고 앉아 있어도 전선이 저절로 가까워지고 있으니까."

···

    어른들의 로망 무협소설을 보면 뜀박질에 관한 무공이 등장한다. 유령의 표홀함을 닮아 유령신보, 구름에서 뛰노는 용의 몸놀림을 좇아 운룡 거시기……. 허나 아무리 날고뛰는 신법이라도 옴짝달싹 못하는 최강의 신법이 있으니, 바로 무공의 태두 소림사에 전해지는 절기 금강부동신보!

    움직이지 않음으로 움직임을 제압한다는 정중동의 비기 금강부동신보를 본 적이 없어 모르겠으나 그것 하나만은 분명하다. 부처님 손바닥 안에서 러닝머신 타는 손오공임을.

    무조건 열심히 한다고 마냥 좋은 것만은 아니다. 차라리 아니 한 것보다 나쁠 때도 있다. 즉 일을 하기에 앞서 그 일의 선후를 따져야 함을 말한다.

050 힘든 일

동구 쪽에 사는 유태인들은 대부분 가난하다. 하지만 그 지방 농부들처럼 힘든 일을 하지 않고, 대개 장사를 하고 살아간다. 『탈무드』를 배우는 아이들이 얘기를 나누고 있었다.

"부부가 아이를 만드는 일은 노동일까? 즐기는 일일까?"

유태인 아이가 단호하게 대답했다.

"그 일은 물론 즐기는 일이지. 만약 힘든 일이라면 우리 유태인들은 그 일을 직접 하지 않고 사람을 고용해 하도록 할 거야."

＊＊＊

　어린아이를 불과 한나절만 돌봐도 깨닫게 된다. 세상에 비트겐슈타인의 철학서를 읽는 일보다 고단하며 또한 의미가 깊은 일이 존재한다는 것을!

　즐겁게 웃고 떠들며 신나게 뛰어노는 아이의 저 지루한 반복과 변주의 패턴이란…… 다시 떠올리는 것조차 고단할 따름이다.

　그러나 고단한 여정의 종착역에서 어쩔 수 없이 깨닫게 되는 진실 하나. 아이들의 무한 즐거움은 일이 아닌 즐거움이기에 가능하다는 것. 즐겁고 또 즐겁기에 종일 미끄럼틀이 반질반질 닳도록 타도 내일이면 다시 미끄럼틀로 뛰어간다는 사실.

　세상을 들었다 놓는 위대한 천재들이 사실은 다 큰 어린아이였다는 것이 어쩌면 당연한 진리인 것 같다.

유머 속에 감춰진
진실, 진실들…

051 브리핑

지휘관이 이스라엘군의 전차를 살피고 있을 때 전차병이 장비에 대한 브리핑을 했다.

"이렇게 하면 후진 1단 기어가 넣어지고, 이렇게 하면 2단이 됩니다."

"왜 후진 2단이 필요한가?"

"예, 적이 침공할 때 후진 2단을 쓰는데, 만약 공격이 심하면 3단까지 가능합니다."

"그렇다면……."

"예, 이렇게 하면 전진 1단이 되기도 합니다."

"자네 말대로라면 전진하는 기어는 필요 없지 않은가?"

"아닙니다. 배후에서 적의 공격을 받을 땐 전진 기어가 필요합니다."

・・・

　한국 정치사의 가장 큰 비극 중 하나는 퇴임 대통령의 뒷모습이 아름답게 끝난 경우가 단 한 번도 없다는 것일 것이다.

　봉기한 시민에게 외국으로 쫓겨나고, 반란을 일으킨 군인에게 떠밀려 물러나고, 총에 맞아 죽고, 호의호식하다 국민들 죽인 죄로 사형수 옷을 입고, 친인척 비리로 몸살을 앓고…….

　통치에 명(明)이 있으면 암(暗)도 필요곡절이라 하지만, 물러나는 모양새가 끝까지 아름다운 나라의 지도자를 보고 싶은 국민의 마음을 알아주는 지도자가 언젠가는 나타나리라 기대해 본다.

052 하나님의 인척

청교도의 목사가 천국으로 들어가자 입구의 수문장이 폭스 바겐(자동차)을 목사에게 내주며 말했다.

"그동안 당신이 베푼 선행에 대한 상이오."

목사가 차를 타고 얼마를 달리다보니, 가톨릭 신부가 타고 가는 미국산 자가용이 보였다. 목사는 수문장에게 따졌다.

"저 신부는 나보다도 더 많은 선행을 베풀었나요?"

"물론이오. 저 신부는 하나님께 많은 재물을 바쳤소."

그때 유태인 랍비가 영국산 최고급 차인 롤스로이스를 타고 지나가는 것이었다.

"아니, 저 친구는 하나님께 재물은커녕 욕만 퍼붓던 녀석이 아니요?"

그러자 수문장이 귓속말로 말했다.

"쉿, 모른 척하시오. 저 녀석은 하나님의 인척이오."

• • •

　　수신제가치국평천하(修身齊家治國平天下). 사나이로 태어나
한 세상 살아가는 데 이보다 웅심을 키우는 목표가 또 있을까
싶다. 나를 닦고, 집안을 바로 세우고, 국가를 다스려, 나아가
세상을 이롭게 한다는 아홉 글자를 가슴에 품고 청운의 꿈을
꾼 이가 몇이겠는가!

　　그런데 예나 지금이나 치국평천하를 이루고도 제가를 잘못
해 망신을 당하는 지도자가 한둘이 아니다. 나라를 다스리면
서 집안 관리를 못함을 탓하는 말이다.

　　그러나 집안 꼴이 우습게 된 것의 근원은 결국에는 수신에
있다. 수신을 못했기에 제가를 못한 것이다.

　　"다 내 탓이다."라는 말이 절절하게 와 닿는다.

053 선생님의 충고

"인체의 기관 중에서 흥분했을 때 8배나 팽창하는 기관이 어딘지 아는 사람?"

선생님이 여학생들에게 물었다. 그러나 아무도 대답하려 들지 않았다. 지명을 받은 한 여학생은 그 답을 알고 있는 듯 했으나 얼굴만 붉히고 있었다. 선생님이 꾸짖듯 말했다.

"난 네가 생각하고 있는 답을 알 수 있어. 하지만 그건 틀린 답이야. 이번 질문의 답은 동공(瞳孔)이야. 너희들의 막연한 지레짐작은 되도록 빨리 버리도록 해. 그리고 결혼할 때 너무 큰 기대는 하지 않는 게 좋겠어."

●　●　●

　학교에서 선생님이 여학생들에게 이런 질문을 한다면?

　요즘은 곧바로 성추행 혐의로 고소를 당해도 어디 가서 억울하다 하소연도 못하는 시절이다. 물론 시류를 모르고 아직도 어린 학생들 앞에서 시시껄렁한 음담패설을 일삼는 교사들도 적잖게 있다. 학생들의 충고를 못 알아듣고 계속하면 신문에 오르내릴 게 불을 보듯 뻔하다.

054 너무 슬퍼서

마누라의 장례식에 참석해야 할 남편이 나타나지 않았다. 걱정이 된 친구들이 집으로 찾아가니 그는 어이없게도 그 집 하녀와 한참 정사에 빠져 있는 게 아닌가?

"천벌을 받을 이 한심한 친구야!"

친구들이 분노하여 소리치자 그는 뻔뻔한 얼굴로 대답하였다.

"자네들은 내 심정을 몰라. 난 너무 슬퍼서 머리가 돌았다고."

·　·　·

　　영미문학에서 미친 척하는 주인공을 꼽으라면 단연 햄릿이 몰표를 받을 것이다. 미친 척하며 복수를 이루는 주인공. 그에 비해 한국문학의 대표적인 미친 주인공은 아무래도 백수광부가 아닐까 싶다. '공무도하가'에 나오는 머리가 하얗게 센 늙은 어부. 확인할 길은 없으나 너무 슬퍼 머리가 하얗게 셌다는 설이 많다. 차이점이라면 그는 미친 척이 아니라 미쳤다는 것.

　　복수의 서사가 중요하다면 미친 척이요, 슬픔의 내면화가 중요하다면 올곧게 미쳐야 한다. 아무래도 문화의 차이가 아닐까 싶다.

055 방향이 문제

마차를 타고 가는 사람에게 한 유태인이 물었다.

"가티마지 마을까지는 여기서 얼마나 될까요?"

"예, 반시간쯤 가면 됩니다."

"미안하지만, 좀 함께 타고 가면 안 될까요?"

"예, 타십시오."

그로부터 반시간이 훨씬 넘었는데도 가티마지 마을은 보이지 않았다.

"이제 한 시간쯤 가면 됩니다."

"아니, 그게 무슨 말인가요? 반시간 거리를 반시간 동안 왔는데, 어떻게 아직도 한 시간이나 걸린다는 말인가요?"

"예, 이 마차는 반대 방향으로 가고 있으니까요."

···

어릴 적, 길을 묻는 행인에게 거꾸로 길을 가르쳐주며 낄낄대던 말썽꾸러기 친구들을 기억할 것이다. 왜 나쁜 짓을 하냐고 물었더니 어디서 주워들은 풍월이 있었는지 이렇게 대답한 친구가 있었다.

"모로 가나 도로 가나 서울만 가면 그만이지 뭐. 그리고 잘못 가봤자 어차피 조금 돌아가는 것뿐이야."

피 흘리며 일궈놓은 민주주의가 과거로 역주행 중이라며 걱정하는 이들이 늘고 있다. 나이를 거꾸로 먹는다고 말하면 젊어 보인다는 칭찬으로 받아들이는 것과는 질이 다른 역주행인가 보다. 어쨌든 어릴 적 말썽꾸러기 친구 말처럼 조금, 아주 조금 되돌아가는 것이기를 바란다.

056 전략 미스

철 지난 물건을 놓고 사장과 직원이 머리를 맞대고 있었다.

"무슨 좋은 아이디어가 없을까?"

사장이 먼저 말을 꺼냈다.

"사장님, 지방으로 보내면 어떨까요?"

"이 사람아, 지방 사람이라고 철 지난 옷을 입을 수 있는가?"

"아닙니다, 사장님. 10벌씩 넣어 포장을 하되 계산서는 8벌로 써 넣습니다. 나머지 2벌은 회사의 실수로 돌리는 겁니다. 그 대신 옷값을 2벌치만큼 올리는 거죠."

사장은 무릎을 치면서 굿 아이디어라고 칭찬하고는 즉시 실천에 옮겼다. 그러나 몇 주가 지난 뒤 사장은 아이디어를 낸 직원을 불러놓고 노발대발하고 있었다.

"이봐, 자네 때문에 난 이제 망했네, 망했어. 옷을 팔아주기는커녕 2벌을 빼먹고 8벌만 모두 반품해 왔어."

• • •

카르마(Karma, 업(業). 생각한 것이 원인이 되며, 그 결과가 현실이 되어 나타난다는 사상) 경영이라고 들어봤는가. 일본 교세라 그룹을 세계 100대 기업으로 일군 후 불가에 입문, 거리의 탁발승으로 돌아간 기업가 이나모리 가즈오의 경영 철학을 일컫는 것으로 한 마디로 정의하기는 힘들지만 간략히 도덕경영, 정도경영으로 이해하면 될 듯싶다.

경영은 이윤의 극대화를 꾀하는 전술과 전략의 총화. 그렇기에 눈앞의 이익에 현혹돼 멀리 앞을 내다보지 못하는 우를 범할 가능성이 지극히 높다. 제 꾀에 제가 넘어가는 경우다.

이나모리 가즈오는 말한다.

"진정한 장사꾼이란 진정한 인간이 되는 것부터 시작하는 것이라고."

057 애견(愛犬)

　　로스차일드라는 유태 부자의 애견이 그만 자동차에 치어 죽고 말았다. 그런데 이 소식을 로스차일드에게 알리려고 하는 사람이 없었다. 그때 한 외판원이 선뜻 나서며, 그게 뭐 그리 어려운 일이냐며 큰소리쳤다.

　　잠시 뒤 그 외판원은 많은 액수의 팁을 받아들고 돌아왔다. 사람들은 의아해 하며, 로스차일드에게 어떻게 전했는지 물었다. 그는 자랑스럽게 떠벌렸다.

　　"하이 히틀러! 그 새끼가 죽었답니다, 라고 소리쳤지요."

· · · ·

공자는 아첨꾼에 대해 『논어(論語)』〈학이편(學而篇)〉에서 이렇게 말했다. "발라 맞추는 말과 알랑거리는 태도에는 인이 적다(巧言令色 鮮矣仁)." 말재주가 교묘하고 표정을 보기 좋게 꾸미는 사람 중에 어진 사람은 거의 없다는 뜻이다.

이 말을 뒤집어서 또 공자는 〈자로편(子路篇)〉에서 이렇게 말한다. "강직 의연하고 질박 어눌한 사람은 인에 가깝다(剛毅 木訥 近仁)." 의지가 굳고 용기가 있으며 꾸밈이 없고 말수가 적은 사람은 인에 가깝다는 뜻이다.

과묵함보다는 화려한 언변이 각광받는 오늘, 어진 사람을 찾아보기 힘든 까닭이 이 때문인지 모를 일이다.

058 마지막 술래

유태인들은 일단 생활이 안정되면 자식들에게 『탈무드』 공부를 계속하게 한다. 그러기 위해서는 유태인 선생이 필요하다. 그러나 생활의 차이가 심해 마음먹은대로 잘 되지가 않아 애를 태우는 유태인들을 놀리는 말이 있다.

유태인 선생을 피하는 첫째는 어린아이들이고, 다음은 수업료 청구서를 피하는 부모들이고, 다음은 아이들의 성적을 확인하려는 부모를 피하는 유태인 선생들이다.

• • •

학생과 학부모, 교사가 상대의 꼬리를 물고 늘어진 형국이다. 맞다. 한국 교육시장의 문제점이 바로 이것 아니겠는가!

교육 토론회에 가면 엄청난 문제와 폐해를 겪고 있는 교육 현장을 당장이라도 뜯어고치지 않으면 대한민국의 미래는 없다며 학생, 학부모, 교사 누구랄 것도 없이 이구동성으로 외친다.

그러나 결국 달라지는 것은 쥐뿔도 없다. 이유는 상대의 꼬리를 물고 늘어지기 때문이다. 내 꼬리가 물리면 나는 그만큼 내가 물고 있는 누군가의 꼬리를 물어뜯어야 한다. 그렇다고 누군가에게 먼저 양보하라고 할 수도 없는 노릇이다. '양보'라는 미덕을 책에서 배우기는 했으나, 내가 아닌 네가 하는 양보만 머릿속에 떠오르니 말이다.

059 사료

공항에서 세관 관리와 여행자가 입씨름을 벌이고 있었다.

"그 짐을 풀어 보시오."

"보나마나요. 우리 집 닭에게 줄 사료니까."

"그래도 봅시다. 아니, 이게 사료란 말이요. 원두커피지?"

"원두커피를 닭이 먹지 못한다는 말인가요? 그렇다면 사료로 쓰지 않겠습니다."

   ● ● ● ●

  텔레비전에서 공항이나 항구의 세관에서 벌어지는 진풍경을 보여줄 때가 있는데, 그때마다 실소를 금할 수가 없다. 신고 액수보다 훨씬 웃도는 고가의 제품을 황당한 곳에 숨겨 들여오다 들키는 사람부터, 해괴망측한 물건을 들여오며 반입금지 품목인 줄 몰랐다고 우기는 사람들까지 저마다 어떻게든 세관을 통과하기 위해 별의별 황당무계한 이유들을 대느라 난리법석이다.

  물론 그중에는 전설처럼 떠도는 일들이 있으니, 어느 부인이 발가락에 다이아몬드를 끼고 나오다가 들켜 망신을 산 일이 있다고 하는데 확인할 길이 없으니, 믿거나 말거나이다.

060 멍청한 녀석

레스토랑에서 만난 세 사람의 유태인이 홍차를 주문했다.

"내 홍차에는 레몬을 띄워 주게."

"나도."

"나도."

그리고 한 사람이 홍차를 주문하며 말했다.

"내 것은 찻잔을 잘 씻어 주게."

잠시 후 점원이 홍차를 날라 온 뒤 확인하며 물었다.

"씻은 잔은 어느 분이 주문하셨나요?"

＊ ＊ ＊

따지고 보면 유머를 즐기고 제대로 활용하기 위해서는 문맥을 정확히 파악하는 국어 실력과 논리력이 꼭 필요한 것 같다.

단지 우스갯소리 몇 개 외운다고 유머러스한 사람이 되는 것은 아니다. 전혀 엉뚱한 상황에서 엉뚱한 우스갯소리를 했다가는 눈총만 받을 게 불을 보듯 훤하니 말이다.

아직도 이 유머의 뜻을 모르겠는가? 그렇다면 불결한 카페를 직접 방문해보면 답을 떠올릴 수도 있지 않을까 싶다.

061 대용품

새로 입사한 점원에게 주인이 물건 파는 방법을 알려주었다.

"일단 가게에 손님이 찾아오면 손님이 찾는 물건이 없어도 그냥 돌아가게 해서는 안 돼. 대신 다른 물건이라도 팔아야 능력 있는 장사꾼이지, 알겠는가?"

마침 주인이 자리를 비웠을 때 손님이 들어와 화장지를 찾았다.

"죄송합니다. 마침 화장지가 떨어져서……, 헌데 손님 화장지 대신 최고급 샌드페이퍼(사포)는 있는데요."

···

이가 없으면 잇몸이라지만, 화장지 대신 사포로 연약한 부위를 문질렀다가는 한동안 뒷일(?)을 감당 못할 게 뻔하다.

지난 반세기, 전쟁으로 허허벌판이 된 땅덩어리를 다시 일으켜 세우며 되뇌었던 말도 이 말이 아닐까 싶다. 아무것도 없으니 아무것도 못할 것 같았지만, 그야말로 이가 없으면 잇몸이라고 악으로 깡으로 기적을 창출했으니 말이다.

물론 그 덕에 부작용도 많았다. 뒷일을 생각 못하고 굵은 철근을 써야 할 곳에 가는 철근을 썼다가 아파트와 다리가 툭하면 무너져 내렸다. 시일이 흐르니 곳곳에서 부작용이 터져 나오고 있는 것이다.

문제는 이제는 임플란트를 해 넣을 경제력이 번듯이 있음에도, 아직도 잇몸으로 사는 게 익숙한 사람들이다. 없을 때야 묘수겠지만, 있을 때는 꼼수밖에 되지 않는다. 다시 아파트가 성냥개비 탑처럼 무너지는 꼴은 안 봤으면 좋겠다.

062 노하우

"사업자금이 없는 자네와 동업을 하자고 자청한 그 사람도 꽤나 이상한 친구인 모양이군."

"이 사람, 너무 나를 얕보지 말게. 내게는 풍부한 경험이 있지 않은가?"

"일리가 있군. 며칠 지나면 자네가 돈을 몽땅 가지게 되고, 동업하는 친구는 한 가지 경험을 얻게 될 테니까."

● ● ●

오늘날 공공연히 사기를 치는 대표적인 케이스가 바로 다단계임은 두말 할 필요도 없다. 밖에서 보기에는 뻔히 사기인줄 알겠는데, 희한하게도 설명회에 갔다하면 낚싯줄에 걸린 먹잇감이 되고 만다. 군중심리라고 옆에서 횡재를 했다고 자랑하는 사람을 보니 나도 그럴 수도 있겠다 싶단다. 결국에는 돈 욕심이 화를 부르는 것이다.

그런데 최근에 무려 4조 원이 넘는 최악의 다단계 사기를 저지른 사기꾼들의 계보를 추적한 결과, 흥미롭게도 세간을 떠들썩하게 했던 이러저러한 다단계 사건에 이들 모두가 직간접적으로 연관이 되어 있다는 것이다. 한마디로 사기 노하우를 전수하고 전수받은 스승과 제자 사이라는 것이다.

더욱 황당한 것은 다단계 사기꾼 중에 다수가 이전에 다단계 사기를 당한 피해자들이란 사실이다. 내가 당한 똑같은 수법으로 잃은 본전을 다시 찾겠다고 직접 다단계에 뛰어든 사람들이라는 뜻이다. 말 그대로 사기의 노하우가 자연스럽게 전파되는 형국이다.

다단계에 발을 들이미는 순간 인생이 다단계로 풍비박산난다는 것을 명심해야 한다.

063 속셈

길을 잘 모르는 유태인이 지나는 행인에게 길을 물었다.

"랍비님이 살고 있는 곳이 어딘지요?"

"저 앞 오른쪽 길로 가면 됩니다."

"저쪽 길은 홍등가가 아닙니까?"

"아니에요, 홍등가는 왼쪽 길로 가야 됩니다."

그러자 유태인은 고맙다는 인사를 하고 슬머시 왼쪽 길로 접어들었다.

•••

　　내가 얻고자 하는 답을 듣는데 꼭 정공법만 필요한 것은 아니다. 오히려 내가 얻고자 하는 답과 관계없는 이야기로 상대방에게서 내가 원하는 답을 얻어낼 수도 있다.

　　대표적인 것이 장사꾼들의 흥정이다. 예를 들어 5천 원에 들여온 물건을 1만 원에 팔 생각이라면, 장사꾼은 가격을 1만 2천 원으로 붙인다. 그러면 손님은 무슨 2천 원이냐며 그냥 1만 원에 팔라고 흥정을 한다.

　　"무슨 소리야? 1만 원에 물건 들여와서 2천 원 마진 남기는데, 2천 원 떼면 내가 남는 게 없잖아."

　　흥정으로 옥신각신한 끝의 결론은 어차피 정해져 있다. 1만 원.

　　손님은 물건 값을 깎았다고 희희낙락이요, 장사꾼은 받을 돈 다 받았으니 희희낙락이다. 그야말로 상술의 도인인 것이다.

064 난감한 일

손님방에 취침준비를 하고 있던 부인이 치통으로 얼굴을 찡그리고 있었다. 이를 본 손님이 말했다.

"치통이 심하신 모양입니다. 제가 치통을 멎게 하는 방법을 압니다."

"……."

손님은 재빨리 부인을 끌어안고 입을 맞추었다. 부인은 놀라 도망치듯 방을 나가 버렸다. 그러나 얼마 지나지 않아 부인과 부인의 남편이 같이 들어왔다. 남편이 손님에게 말했다.

"손님께서 통증을 멎게 하는 비법을 알고 계시다고 해서…… 저는 오랫동안 신경통으로 고생하고 있습니다."

•　•　•

　얼마나 깜짝 놀랐으면 치통이 싹 가셨겠는가? 그런데 남편
은 신경통으로 고생하고 있다니 신경이 화들짝 놀라 미처 고
통을 느낄 새도 없을 만큼 큰 충격을 줘야 할 텐데. 어떤 기발
한 깜짝 쇼를 할지 궁금하다. 부인에게처럼 남편에게도 키스
를 한다면 정말 깜짝 놀라기는 할 텐데.

　요즘은 아이들 이가 흔들거리면 무조건 병원부터 가지만,
예전에는 어디 그랬는가? 집에 최고의 치과의사가 있는데 말
이다. 실로 올가미를 만들어 이에 걸 때만 해도 겁에 질려 안
절부절못하다가 "어, 저게 뭐야?" 하고 갑자기 주위를 돌린 사
이 툭 하고 아무렇지 않게 이를 빼던 아버지. 어느새 잠깐의
아픔도 없이 덜렁 빠진 이를 보면 참으로 신기했었다.

　요즘도 아이에게 그랬다가는 미개한 아버지라는 이야기를
들을까? 난감한 일이다.

065 유구무언

루마니아 음식점을 찾은 손님이 가죽 외투를 벗어 걸고 음식을 청했다.

"이봐, 여기 소고기 요리를 가져오게."

잠시 뒤 보이는, "죄송합니다, 소고기 요리가 떨어졌습니다."라고 말하며, 다른 것을 주문하라고 했다.

"그럼 돈가스를 주게나."

잠시 뒤 다시 보이가 왔다. 그것도 없다는 것이었다. 손님은 화가 치밀어 버럭 소리를 질렀다.

"무슨 음식점이 이래! 그럼 내 외투나 가져 와!"

보이는 태연스럽게 대답하였다.

"미안합니다. 외투도 없어졌습니다."

· · ·

   유구무언(有口無言)이란 입은 있어도 말이 없다는 뜻으로, 변명할 말이 없거나 변명을 못함을 이르는 말이다. 비슷한 말로 주둥이가 석 자가 길어도 변명할 수 없다는 훼장삼척(喙長三尺)이 있다.

   우리는 종종 할 말은 많지만 입을 다물겠다는 의미로 유구무언을 잘못 쓴다. 이때는 함구무언(緘口無言)이 맞다. 모르고 유구무언을 지껄였다가 괜한 의심의 눈초리를 살 수도 있으니 사용을 조심하자.

066 즉효약

　기차 여행 중이던 유태인이 소금에 절인 청어를 먹다가 남은 대가리를 종이에 싸고 있었다. 곁에 있던 폴란드인이 끼어들었다.

　"우리도 늘 청어를 즐겨먹지만, 무엇보다도 청어 대가리를 먹으면 머리가 좋아진다고 하더군요."

　유태인이 웃으며 말하였다.

　"그렇다면 이 머리를 사시죠?"

　쌍방 간에 흥정이 이루어져 폴란드인은 유태인이 먹다 남긴 청어 대가리 5개에 5즈로티를 주고 샀다. 먹기 힘든 5마리의 청어 대가리를 다 골라먹고 난 폴란드인은 짜증스럽게 말하였다.

　"당신은 정말 지독한 사람이군, 5즈로티면 싱싱한 청어를 5마리를 사고도 돈이 남을 것이오."

　유태인이 대답했다.

　"그것 보시오. 당신은 벌써 머리가 좋아지지 않았소?"

● ● ●

누구나 한번쯤 꿈꿔봤을 것이다. 머리가 좋아지는 약이 개발돼 하루아침에 천재가 되는 꿈. 인류의 보편적인 꿈인지라 역사적으로 머리를 좋게 하는 무수한 시도가 있어 왔는데, 최근에는 집중력 강화 기계부터 리탈린, 아데랄과 같은 각성제, 주의력결핍 과잉행동장애 치료제까지 머리를 좋게 하는 갖가지 방법이 등장하고 있다. 이렇게 과학이 발전하다 보면 정말로 캡슐 하나로 천재가 되는 날이 올지도 모르겠다.

그렇다면 현재 공식적으로 인정받고 있는 머리를 좋게 하는 최고의 방법은 무엇일까? 과거에는 운동을 잘하면 공부를 못하고, 공부를 잘하면 운동을 못한다고 생각했다. 그러나 운동과 공부를 담당하는 뇌의 영역(전두엽)이 같다는 사실이 밝혀졌다. 즉 운동을 잘하면 공부를 잘할 가능성이 높고, 공부를 잘하면 운동을 잘할 가능성이 높다는 것이다. 즉 머리를 좋게 하는 가장 안전하면서도 효과적인 방법은 운동이라는 뜻이다.

067 하긴 그래

행상을 하는 사람이 무거운 짐을 지고 걷고 있었다. 그 곁을 지나던 마차꾼이 이를 딱하게 여겨 마차에 태워 주었다. 하지만 행상인은 짐을 진 채 마차를 타고 있었다.

"여보시오. 무거운데 짐을 내려놓지 않고요."

"아닙니다. 나를 태워 준 것만도 고마운데 어찌 짐까지 싣고 가겠습니까."

．．．

    어차피 마차에 탔으니 짐을 내려놓거나 말거나 똑같은 무게이니 분명 어리석다 놀릴 법한 이야기이다. 그러나 달리 생각해 보면 어떨까? 과한 유추이겠지만, 편히 가는 게 못내 미안한 까닭이라고.

    바보 같지만 그 마음 씀씀이만은 참 풋풋하지 않은가? 물에 빠진 거 구해줬더니 보따리 내놓으라는 못된 심보 가진 사람들이 판을 치는 세상에서, 이런 바보 같은 사람 만나고 싶은 간절함이 커진다.

068 계율

유태인이 지키는 모세의 계율에는 돼지고기를 먹지 않도록 되어 있다. 하지만 돼지고기가 먹고 싶은 어느 유태인이 정육점을 찾아갔다.

"썰어 놓은 돼지고기는 얼마입니까?"

유태인의 말이 떨어지기가 무섭게 갑자기 하늘에서 천둥소리가 들려왔다. 유태인은 못마땅한 표정으로 하늘을 보면 말했다.

"값만 물어보았는데 뭘 그러십니까?"

• • •

　어느 사형수에게 사형 집행 당일 마지막으로 어머니를 볼 수 있는 시간이 주어졌다. 그런데 사형수가 대화 도중 갑자기 어머니의 입을 물어뜯었다고 한다. 교도관이 그 연유를 묻자 그는 이렇게 대답했다.

　"제가 어릴 때 심심풀이로 작은 물건을 훔치는 것을 보고도 어머니는 아무런 말도 하지 않았습니다. 그때 어머니가 나를 혼냈다면, 지금 내가 이렇게 사형수가 되지는 않았을 겁니다."

　확인할 수는 없지만 실화라고 한다. 제 탓을 어머니 탓으로 돌리는 사형수가 괘씸하기는 하지만, 한편으로 이해를 할 법도 하다. 바늘 도둑이 소 도둑 된다. 자녀에게 영어교육 시키는 것도 중요하지만, 사소한 규칙을 지키는 교육도 절실하다.

069 속마음

물건을 사고 돈을 치른 손님이 가게 주인에게 불평을 늘어놓기 시작했다.

"당신은 손님이 돌아갈 땐 반드시 촛불을 켜 들고 문 앞까지 전송한다면서요?"

"그렇소."

"물건 값을 어음으로 낸 사람한테도 그렇게 인사하면서 현금을 낸 나한테는 왜 그런 인사를 하지 않는건가요?"

"어음을 지불한 사람이 넘어져 다리라도 부러지면 손해를 보기 때문이 아니겠소."

． ． ．

한 사람이 현자에게 물었다.

"가장 중요한 때란 언제이며, 가장 중요한 사람은 누구이며, 가장 중요한 일이란 무엇입니까?"

현자가 대답했다.

"가장 중요한 때란 지금 이 순간이다. 우리는 다만 지금 이 순간만을 지배할 수 있기 때문이다. 가장 중요한 사람 또한 지금 이 순간에 만나는 사람이며, 가장 중요한 일이란 그 순간에 만나는 사람을 도와주는 일이다."

지금 이 순간 만나는 사람을 함부로 평가하지 말자. 다시는 안 봐도 되는 사람이라며 홀대했다가 큰코다칠 일이 분명 올 것이다.

070 힘든 일

밀도살 혐의로 기소된 유태인이 변호사에게 가벼운 벌금형으로 끝나길 부탁하면서 2000마르크를 건네주었다. 그 덕분인지 유티인은 감옥행을 면하고 벌금만 물게 되었다. 재판이 끝난 뒤 땀을 닦으며 변호사가 찾아왔다.

"벌금형이 되도록 하는데 어찌나 힘이 들었는지 모릅니다."

"고생했습니다. 역시 판사들은 모두 유죄를 주장했겠지요?"

"아니요, 모두들 무죄를 주장해서 이걸 벌금형으로 만드느라고 고생했어요."

• • •

가만히 있으면 중간이라도 가는데, 쓸데없이 일을 벌였다가 손해만 보는 경우가 있다. 그 대표적인 경우가 '양심의 가책에 의한 거짓말'이다. 특히 어린아이들이 자주 저지르는 거짓말에서 이런 경우를 종종 본다.

예를 들어 숙제를 안 했다는 불안감과 양심의 가책 때문에 선생님이나 엄마가 묻기도 전에 이런저런 황당한 거짓말을 늘어먹이는 것이다. 딴에는 꾀를 낸다고 낸 거짓말이지만, 어른이 거짓인지 참말인지 모를까? 그럴 때면 거짓말이 괘씸하면서도 한편으로 설익은 동심을 보는 것 같아 웃음이 나오기도 한다.

물론 어른들이라고 거짓말을 안 한다는 게 결코 아니다. 단 목적이 전혀 다르다. 아이들의 거짓말이 양심의 가책 때문이라면, 어른들은 제 이익 때문일 가능성이 크다. 어쨌거나 이 경우에도 안 하느니만 못한 경우가 많다. 거짓말이란 잡초와 같다. 한번 뿌리를 내리면 자꾸만 자라기 마련이다. 정직하기 위해서가 아니라, 못난 사람이 되지 않기 위해서라도 거짓말은 삼가해야 한다.

071 어쩌면

유태인을 체포한 나치 장교가 물었다.

"내 두 눈 중 한쪽이 의안인데 그것을 알아내면 풀어 주겠네. 맞힐 수 있겠나?"

유태인은 잠시 생각하더니 자신 있다는 듯이 말했다.

"오른쪽 눈입니다."

"아니, 그걸 어찌 알았나?"

"예, 왼쪽보다는 오른쪽 눈이 훨씬 더 인간답게 보이니까요."

· · ·

의안(義眼)이 더 인간답게 보였다니, 진짜 왼쪽 눈이 얼마나 차가웠을지 짐작이 간다.

남의 눈 속에 있는 티를 보려하지 말고, 내 눈 속에 있는 들보를 보라는 말이 있다. 또한 부처님 눈에는 부처님만 보인다는 말도 있다.

눈은 마음의 창이라며 남의 눈 뚫어지게 쳐다보며 허물을 찾을 시간에 내 허물을 먼저 찾아야 하지 않을까.

072 장사꾼의 유언

조그마한 가게를 운영하던 유태인이 병이 깊어져 운명의 시간을 맞고 있었다. 그의 곁에는 걱정에 싸인 식구들이 모여 이를 지켜보았다.

"여보, 당신 어디 있소?"

환자의 말에 가족들은 마지막 유언이 있을 것이라 생각하고 귀를 기울였다.

"예, 나 여기 있어요."

환자는 식구들을 돌아가며 찾았다.

"딸애는 어디 있느냐?"

"예, 아빠, 여기 있잖아요. 아버지 손을 잡고 있는 게 아버지 딸이에요."

그러자 환자는 안간힘을 쓰고 일어나 앉으며 마지막 말을 남겼다.

"그러면 가게는 누가 보고 있단 말이냐?"

· · ·

버킷 리스트(Bucket list)란 말이 있다. 죽음을 뜻하는 'kick the bucket' 이란 속어에서 나온 뜻으로 말하자면 '죽기 전에 해야 할 목록' 쯤 된다.

몇 년 전 『살아있는 동안 꼭 해야 할 49가지』라는 책이 백만 부를 훌쩍 넘겨 팔렸듯, 한 번밖에 못 사는 인생, 하고 싶은 것은 꼭 해보고 죽자며 버킷 리스트를 만들고 노력하는 게 유행이 된 지 오래다.

그런데 이상한 일이다. 그런 삶만 의미가 있는 것 같지는 않다. 위의 장사꾼처럼 죽는 순간까지 하나밖에 모르는, 어찌 보면 바보 같은 이의 생 앞에서도 숙연해지니 말이다.

073 떠나버린 기차

잠자리에 든 부부가 다정하게 얘기하고 있었다.

"여보, 내 주(株=柱)가 많이 올랐어."

"오늘은 이미 폐장이 됐어요."

"그래도 내 주는 단단한데."

"증권거래소의 문이 닫혔어요."

잠시 시간이 지난 뒤 결심한 듯 아내가 말했다.

"할 수 없군. 문을 열어 줄게요."

"기차는 이미 떠났어. 다 떨어져 버렸다고."

．．．．

떠나 버린 기차에 손 흔드는 어리석은 짓 하지 말라고들 하는데, 어디 그게 말처럼 쉬운 일인가?

우리들은 오늘도 떠나 버린 기차에 열심히 손을 흔드느라 정신이 없다. 오늘 우리가 하고 있는 생각과 고민의 대부분은 앞으로 일어날 일에 대해서가 아니라, 이미 벌어진 일이 거의 대부분이라고 한다. 후회와 자책으로 지금 이 순간을 소모하고 있다는 것이다. 아니라고 자신 있게 답할 사람이 별로 없을 것이다.

성공한 사람들의 공통점은 과거에 대한 후회와 자책을 다른 이들보다 적게 한다는 것. 성공하기를 원한다면 어제가 아니라 오늘과 내일을 생각해야 한다.

참고로 동음이의어 말장난이지만, 부부밖에 모르는 이렇게 멋지고 은밀한(?) 암호가 있나 싶다. 만날 샤워하며 콧소리만 흥얼대지 말고 이참에 우리도 품격 있는 암호를 만들어 보는 것은 어떨까?

074 자주 생기는 기적

세관원이 한 유태인을 믿지 못하겠다는 표정으로 붙잡고 늘어졌다.

"이 병 속에 뭐가 들어 있소?"

"롤루드에서 가지고 오는 물이오."

롤루드는 이름난 가톨릭 성지로, 그곳에서 구하는 물이 영험이 있다고 널리 알려져 있었다. 하지만 유태인 말을 믿지 않는 세관원이 병 속의 물을 맛 보고는 그럴 줄 알았다며 나무랐다.

"이게 어디 물이요? 코냑이지."

"그렇다면 또 기적이 일어났군요."

．．．

기적이 가뭄에 콩 나듯 드물기 때문일까?

요즘은 별의별 기적이 말 그대로 기적처럼 범람하는 시대다. 육류 식단에서 채소 위주의 식단으로 바뀌 지병을 완치한 밥상머리의 기적은 기적 축에 속한다고 해야 할까? 후줄근하게만 입고 다니던 아가씨가 텔레비전에 출현해 놀라운 옷차림의 기적을 보여주고, 버릇없는 아이가 말 잘 듣는 아이로 바뀌는 놀라운 기적이 범람한다.

그러나 아무리 그래도 최고의 기적은 일상(日常)이 아니겠는가! 꼬박꼬박 넥타이를 매고 양복을 입고 헐레벌떡 출근하며 밥벌이에 매진하는 우리의 일상. 우리는 오늘도 기적을 행하고 있는 것이다.

075 부고

도박을 하다가 쇼크를 받아 친구가 죽었다. 동료들은 이 사실을 죽은 친구의 부인한테 알릴 일이 난감하였다. 한 친구가 용기를 내어 부인을 찾아갔다.

"안녕하세요. 남편께서 자주 가던 상점에서 왔습니다."

"예, 또 도박을 했군요. 물론 또 빈털터리가 됐겠지요?"

"예, 그렇습니다."

"아유, 지긋지긋해, 차라리 죽어버리기나 했으면 좋겠어."

"예, 아주머니, 하나님께서 그러한 아주머니의 마음을 살피시어 하늘나라로 데려가셨습니다."

···

2009년 한 해 전직 대통령 두 분이 앞서거니 뒤서거니 이승을 떠났다. 그런데 신기하게도 이 두 분의 죽음을 기가 막히게 맞춘 사람이 있다. 전직 대학교수로 한때 이름을 날리다 텔레비전에 진출해 특유의 입담으로 상종가를 치더니, 나라를 바로 세우겠다며 정치판에 뛰어들었다가 그야말로 이리저리 때마다 당적을 옮겨가며 박쥐 노릇이 무엇인가를 여실히 보여줬던 그분이다. 알만 한 사람은 이미 짐작했으리라.

그런데 한동안 이분 근황을 몰랐는데(사실 알고 싶은 사람도 없었겠지만) 심산유곡에서 도를 닦으셨나 보다. "나 같으면 죽겠다." 하시니 한 분이 정말 죽고, "그만 입 다물고 가시라." 하니 나머지 한 분이 정말 입 다물고 가셨다.

그분의 최근 심정이 어떨까 가만히 생각해 보니, 제 백발백중 예언의 끗발을 자랑스럽게 나불대는 와중에도 마음이 개운치는 않을 것 같다. 어쨌든 사람 목숨 가지고 장난질 쳤으니 말이다.

말이 씨가 된다는 속담이야 제 입 조심하라는 소린데, 어떻게 이분 입에서 나오면 남이 해를 입으니 알다가도 모를 일이다. 정말 영험한 도를 얻으셨는지.

076 이상한 일

시골구석에서 농사만 짓던 유태인이 도시 구경 길에 점심을 사먹었다. 음식 값은 30카페이카였다. 그런데 먹은 음식이 잘 못되었는지 그만 속이 안 좋아 급한 나머지 공원 한구석에서 실례를 하다 경찰에 적발되고 말았다. 유태인 농사꾼은 벌금 으로 50카페이카를 물고 풀려나서는 투덜거렸다.

"먹은 것이 30카페이카인데, 싸버린 것이 어째서 50카페이 카나 되나?"

　　　　• • • •

　가장 이상적인 삶이란 어떤 삶일까? 먹는 것으로 국한하자면 입으로 들어가는 게 100이면 밖으로 나오는 것도 100인 삶이 아닐까 싶다. 땅을 일궈 사는 이들의 삶이 이와 비슷하지 않을까. 제 힘껏 농작물을 가꿔 먹고, 배설물로 땅에 힘을 보태 다시 농작물을 키우니 말이다.

　그러나 현대인의 삶은 입으로 들어가는 데 엄청난 비용을 소모한다. 맛있고 희귀하고 비싼 것만 찾아 먹느라 눈에 불을 켠다. 한마디로 황금을 먹고 악취 나는 배설물을 내보낼 뿐이다.

　지식인 또한 마찬가지이다. 몸과 마음을 풍요롭게 하는 성현의 가르침을 배워, 그만큼 내 살을 찌우고, 후학을 위해 배운 바를 제대로 가르치는 지식인이 드물다. 많은 돈을 들여 뛰어난 지식을 배우는 데는 열을 올리지만, 정작 내 살만 찌울 뿐, 세상을 위해서는 악취 나는 배설물만 배출하는 이들이 많다.

　내가 얻는 만큼 베푸는 삶, 내가 베풀 수 있는 만큼 취하는 삶. 그것이 행복의 지름길이 아닌가 싶다.

077 속셈

유태인 남녀가 모스크바를 여행하던 중 우연히 만나 시골 여관에서 함께 묵게 되었다. 밤에 잘못을 저지르고 나니 다음 날 후회하는 마음이 컸다. 남자가 미안한 듯 말했다.

"랍비님한테 용서를 빌고 올 테니 너무 걱정 말아요."

잠시 후 랍비를 만난 남자가 돌아오자 여자가 물었다.

"용서를 받았나요?"

"예, 속죄하는 뜻으로 양초 10갑을 예배당에 기부하래요."

"그래서요?"

"그래서 20갑을 기부하고 왔지요."

"왜 20갑씩이나 줘요?"

"어차피 모스크바에서 돌아올 때도 우리는 한 방에서 묵을 테니까요."

* * *

　여자의 반응은 어땠을까? 미리 예약까지 하고 선금까지 치르는 성실하고 꼼꼼한 남자의 태도에 싫지만은 않았을 것 같은데, 너무 앞서 나가는 생각일까?

　그래도 얼마 전 신문에 실린 황당 사건의 주인공보다는 백배 천배 나은 것은 틀림없는 사실이다. 번듯한 직장에 다니는 젊은 남자가 청소년 성매매 혐의로 붙잡혔는데, 신고한 사람이 다름 아닌 함께 잠자리를 한 가출 소녀였다. 다름 아니라 인터넷 채팅으로 만나 같이 자면 100만 원을 준다고 약속했는데, 관계를 맺고 도망을 쳤다는 것이다. 1만 원짜리 한 장도 안 흘리고 도망간 놈이 괘씸해 직접 발품을 팔아 경찰서까지 친히 찾아와 남자의 인터넷 아이디를 고발한 황당한 사건이었다.

　여자아이의 행동도 기가 막히지만, 남자 망신 다 시키고 인생마저 한순간 나락으로 떨어진 그 불쌍하고 가련한 남자는 철창 안에 들어가 무슨 생각을 하고 있을까.

078 착각

예쁘게 생긴 여선생이 함께 차를 타고 가던 승객들로부터 질문을 받았다.

"아이들이 모두 몇입니까?"

여선생은 가르치고 있는 학생 수를 생각하고 대답했다.

"예, 43명입니다."

그러자 승객들이 놀라는 표정을 지으며 웃어댔다. 선생은 혼자서 그렇게 많은 학생들을 어떻게 가르치느냐고 비웃는 걸로 착각하였다.

"너무 무시하지 마세요. 힘들 땐 조수도 채용하고 있으니까요."

． ． ．

　헤르만 헤세는 『데미안』에서 이렇게 말한다.

　"알의 껍질을 깨고 나와야 한다."

　내가 가진 생각의 틀이란 어린 나를 살찌우기 위한 껍질이
지만, 또한 더 커나가기 위해서는 반드시 깨야 할 껍질이다.
그래야 달걀은 병아리가 되고, 어른 닭이 될 수 있다.

079 목표

돈 많은 과부와 결혼한 친구가 피로연을 베풀었다.

"자넨 좋겠네."

가까운 친구들이 축하하자 그는 이렇게 속삭였다.

"아내는 자본금이고, 저기 있는 두 딸이 이익이지. 앞으로는 이익금을 가지고 살 생각이야."

· · ·

얼마 전 수백억 원대 자산가가 외동딸의 사윗감을 구한다는 광고를 낸 적이 있다. 나이는 30대 후반에서 40대 초반, 대학을 졸업한 용모 단정한 전문직 미혼 남성이 조건이라나. 경쟁률이 수백 대 일이었다고 한다. 조건에 들지 않는 잠재적 남성들까지 합치면 수천 수만 명이 군침을 흘렸다는 소리다.

돈 없는 것보다야 돈 많은 게 좋다지만, 내심 결혼을 저렇게까지 해야 하나 싶던 차에 한 할머니의 푸념이 벼락처럼 귓불을 스쳤다.

"옛날에는 안 그랬다고? 염병할 소리하고 자빠졌네. 결혼하는 날까지 남편 얼굴 한번 못 봤는데, 지지리 궁상 집구석에 딸린 시동생이 자그마치 넷이지 뭐여."

예나 지금이나 서로 눈이 맞아 결혼하는 이들은 생각만큼 많지 않은 것 같다. 아무튼 그분이 마땅한 사윗감을 골랐는지 모르겠다.

080 은빛 거울

한 학생이 랍비에게 물었다.

"랍비님, 가난한 사람들은 오히려 남을 돕는데 왜 부자들은 가난한 사람들을 돕지 않을까요?"

랍비가 말했다.

"창밖을 보게, 무엇이 보이나?"

"예, 아이의 손을 잡고 가는 사람과 자동차가 보입니다."

"다음엔 벽에 걸린 거울을 보게."

"예, 제 얼굴밖에 보이는 게 없습니다."

그러자 랍비가 웃으며 말하였다.

"그렇지, 창이나 거울이나 똑같은 유리로 만들었지, 하지만 유리에 은 칠을 조금만 하면 자기 얼굴밖에 볼 수가 없기 때문이야."

＊ ＊ ＊

전 세계를 휩쓸고 있는 경제 위기 속에서도 미국의 기부액수는 별로 줄어들지 않고 있다고 한다. 여전히 빌 게이츠 등의 갑부 및 거대기업들은 재단을 형성해 막대한 돈을 사회에 환원하고 있다는 것이다. 그러나 이 같은 기업의 대규모 기부보다도 훨씬 더 미국의 기부 문화를 특징짓는 것은 바로 어린이 및 저소득층까지 확산된 높은 개인 기부 참여에 있다고 한다.

실제 미국의 기부 현황을 보면 2004년 한 해만 약 2485억 달러의 기부금이 모집되었다. 그중에서 개인 기부액이 약 1879억 달러로 전체 기부액의 75%를 차지했다는 것이다.

그러나 한국의 기부 현실은 개인 기부액이 전체 기부액의 20%에 불과하고 연간 기부액이 개인당 2813원에 그치고 있다고 한다.

툭하면 노블레스 오블리주를 외치는 사람치고 1000원 모금 전화 한번 거는 사람이 드문 법이다.

081   아버지의 눈물

지방을 순회하는 설교자의 설교를 듣고 눈물을 흘리는 사람
이 있었다. 설교자는 기쁜 마음으로 물었다.

"내 설교가 그렇게도 감명이 깊었습니까?"

"아닙니다. 장차 순회 설교자가 되겠다고 하는 아들 생각을
하니 눈물이 났습니다. 당신 설교를 들으니 더욱 아들 장래가
걱정이 됩니다."

• • •

　아버지의 눈물을 본 적 있는가?

　흔히들 말한다. 남자는 태어나 딱 세 번 울어야 한다고. 첫째
는 첫사랑을 떠나보낸 후 흘리는 성숙의 눈물이고, 둘째는 실
패의 고배를 마신 후 흘리는 뼈아픈 눈물, 마지막으로 부모를
여의었을 때 흘리는 불효의 눈물이라고 한다.

　일견 진짜 사나이의 조건 같아 멋있어 보이기는 하지만, 이
것 또한 마초들의 겉멋은 아닐까 싶다. 자식을 위해 매일 같이
속으로 우는 바보 같은 사람들을 일컬어 '아버지' 라고 하기
때문이다.

082 전쟁

장가를 든 신랑이 랍비를 찾아왔다.

"랍비님, 성경에 보면 신혼 중인 신랑에게 병역의 의무를 지우지 말라 했는데, 그건 왜 그렇습니까?"

"그야 간단한 이유지. 신랑은 가엾게도 집에서도 전쟁을 치루고 있으니까."

• • •

　예전에는 상투를 튼 꼬마 신랑은 어른 취급을 해도, 나이를 아무리 먹어도 성혼하지 않은 더벅머리 노총각은 어른 취급을 하지 않았다고 한다.

　그만큼 인생에 있어 결혼 전후는 엄청난 차이가 난다. 서글픈 현실이지만 결혼한 남자의 대부분은 만고불변의 진리를 깨닫는다. 결혼이란 이혼서류에 도장을 찍거나 둘 중의 하나가 죽기 전에는 절대 끝나지 않는 전쟁이라는 사실을. 더욱 안타까운 것은 전쟁터에 도착하는 순간까지, 그곳이 전쟁터가 아니라 천국으로 가는 길이라고 착각을 한다는 것이다.

　우리나라 아줌마들이 일주일에 한 번씩 열광하는 〈사랑과 전쟁〉의 제목이 괜히 붙여진 게 아니다.

083 역시 내 아들

임종 때가 된 아내가 남편에게 말하였다.

"여보, 미안해요. 실은 이삭이 당신 아들이 아니예요."

"그게 무슨 소린가, 그럼 누구 아들이야?"

"우리 집 하인의 아들이에요."

"농담이겠지, 바른대로 말해, 우리 집 하인 같이 잘생긴 녀석이 당신 같은 메주와……."

"그래서 3000프랑을 주었어요."

"그 돈이 어디서 났는데?"

"당신 금고에서 몰래 꺼냈어요."

"그렇다면 이삭은 역시 내 아들이구먼."

···

영화 〈공공의 적〉을 보면 돈 때문에 제 부모를 칼로 찔러 죽이는 패륜아가 등장한다. 그런데 이 영화에서 가장 인상 깊은 장면은 자신을 칼로 찔러 죽인 자식의 부러진 손톱이 증거가될까봐 얼른 먹어치우는 어머니의 행동이 아닐까 싶다.

이처럼 돈이면 부모도 나 몰라라 내팽개치는 인간말종들로 넘쳐나는 세상이다. 그러나 더욱 안타까운 것은 돈이면 자식도 내팽개치는 부모들 역시 점점 늘어나고 있다는 것. '내리사랑'이라는 말이 얼마 뒤면 사라질지도 모를 일이다.

084 오해

학문에 열심인 유태인 수사가 여행길에 랍비의 집을 찾았다. 밤이 늦어 하룻밤 신세를 지기 위해서였다.

"집은 초라하지만 괜찮다면 쉬어 가시오. 신혼 초이긴 하지만 신의 뜻을 따르는 내가 거절할 수는 없지 않겠소. 음식도 좀 남아 있으니 시장하면 부담 갖지 말고 드시오."

"정말 감사합니다."

신혼인 랍비의 부부와 수사는 곧 잠자리에 들었다. 그런데 얼마 되지 않아 마을 사람이 찾아와 급한 환자를 봐달라는 것이었다. 랍비는 황급히 환자 집으로 갔고 집에는 젊은 여자와 수사 두 사람만 남았다. 두 사람의 남녀는 묘한 기분에 휩싸여 잠을 청할 수가 없었다. 그때 갑자기 수사가 벌떡 일어나 앉으며 말했다.

"저…… 지금 괜찮겠습니까?"

젊은 여자는 얼굴을 붉힌 채 기어들어가는 목소리로 대답했다.

"네, 정 그러시다면 곧 주인이 돌아올 테니 빨리."

수사는 말이 끝나기 무섭게 부엌으로 달려가 허겁지겁 밥을 먹기 시작하였다.

* * *

나르키소스는 물에 비친 제 모습에 반해 한 떨기 수선화가 됐다는데, 우리는 지금 우리의 어떤 모습에 반하고 있는가? 반할 점이 있기는 한가?

우리를 가장 잘 아는 이도 우리 자신이요, 우리를 가장 오해하고 있는 이도 우리 자신이라고 한다. 즉 우리는 양 극단에 선 채 늘 팽팽한 줄다리기를 하며 자기 자신이라는 정체성을 형성하고 있다는 것이다.

우리가 오해하고 있는 것도 우리 자신의 일부분이다. 다만 부정적인 오해가 아니라 긍정적인 오해를 해야 한다. 못생겼다고 풀이 죽을 게 아니라, 스스로를 잘생겼다고 생각하는 게 정신 건강에 이롭다.

085 헷갈려

　유부녀와 간통하던 유태인이 현장에서 들켜 랍비 앞에 나오게 되었다. 그러나 이 유태인은 간통한 것은 사실이지만 양심의 가책은 없다고 했다. 랍비는 화를 내었다.

　"이런 뻔뻔스런 친구가 있나?"

　"랍비님, 그렇게 꾸중만 하지 마시고 저의 말도 들어 주십시오. 이유를 들어보지도 않고 마음대로 남을 비판하는 것은 아니지 않습니까."

　"그래 어디 말해 보게."

　"랍비님. 내 아내와 잠자리를 같이 하는 것은 어떻습니까?"

　"그야 간통이 아니지."

　"그러면 나를 간통으로 고소한 사람이 나와 잠을 같이 잔 여자와 관계를 맺은 것은 어떻습니까?"

"그것도 자기 부인이니까 당연한 일이 아닌가?"

"그렇다면, 그 남자와 내 아내가 관계하는 것은 어떻습니까?"

"이 친구, 아무래도 머리가 돌았군."

"랍비님, 머리가 돈 게 아닙니다. 내가 그 남자가 관계해서는 안 되는 여자와 잠을 같이 자도 괜찮다면, 그 남자가 관계해도 괜찮은 여자와 잠을 자는 것은 잘못될 게 없지 않습니까?"

• • •

정리하자면, 내가 그 남자가 관계해서는 안 되는 내 부인과 잠을 같이 자도 괜찮다면, 남자가 관계해도 괜찮은 남자의 부인과 잠을 자는 게 잘못될 게 없다는 말이다.

아직도 헷갈린다고? 헷갈리는 게 당연하다. 말도 안 되는 어림 반 푼어치도 없는 말을 이해하려고 하니 헷갈릴 수밖에!

086 얼간이

생선가게에서 입씨름이 벌어졌다.

"앞집 가게에서는 청어 1마리에 20페니인데, 왜 당신은 40페니나 받는 것이오?"

"그럼 20페니짜리 청어를 사시오."

"하지만 그 집의 청어가 다 팔리고 없소."

"그렇다면 좀 기다리시오. 나도 다 팔리고 나면 20페니 줄 테니까."

다 팔고 20페니를 줄 거면, 지금 20페니에 팔아도 될 텐데…….

　　참고로 우리나라 백화점에서는 이보다 더 황당한 일이 벌어지고 있다고 한다. 똑같은 물건인데 낮은 가격표를 붙인 제품보다 높은 가격표를 붙인 제품이 더 잘 팔린다는 것이다.

　　똑똑한 척하는 인간들이 넘쳐나는 것 같지만, 속내를 들여다보면 실은 얼간이들이 넘쳐나는 것은 아닌지 모르겠다.

087 머리보다 엉덩이

나치 장교가 함께 차를 타고 가는 유태인 앞에서 나치 신문을 펴놓고 폼을 잡고 있었다.

"이 신문은 정말 읽을 만한 훌륭한 것이지요."

"그렇겠군요."

더욱 기고만장해진 나치 장교는 다음엔 유태계에서 발행하는 경제신문을 펴 보이며 떠들었다.

"이 신문은 화장실 휴지로나 쓰면 딱 좋지요."

이 말을 들은 유태인이 빙긋이 웃어 보이며 말하는 것이었다.

"그렇다면 장교님의 엉덩이가 장교님의 머리보다 더 영리해졌겠군요."

· · ·

  우리나라에서 어마어마한 발행 부수를 자랑하는 어떤 신문을 구독하는 방법은? 집에서 가만히 기다리거나 길거리를 걷기만 하면 된다. 그러면 누군가 와서 이렇게 말한다.

  "최고급 자전거나 비데…… 기타 등등 중에서 하나를 고를 수 있습니다. 아니면 현금을 드릴 수도 있습니다."

  그럴 때마다 이런 의문이 든다.

  '아니, 공짜로 선물까지 주는데 우리 국민 모두가 한 명도 빠짐없이 그 신문들을 구독해야 하는 것 아냐?'

  알다가도 모를 일이다.

088 채권 채무

돈을 빌려 준 사람이 채무자에게 독촉을 했다.

"언제 갚을 것인지 말이나 시원하게 하시오."

채무자는 태연스럽게 대답하였다.

"너무 졸라대지 마시오, 나는 갚을 사람들을 셋으로 구분해서 그 순서대로 갚을 생각이니."

"그렇다면 나는 어디에 속하오?"

"물론 첫 번째 순서요. 첫 번째는 어떤 방법이든 돈을 구해 갚아줄 사람이고, 두 번째는 내가 갚아줄 때까지 기다리도록 하는 사람, 세 번째는 안 갚아도 되는 사람이오. 하지만 첫 번째 순서의 채권자가 일단 세 번째로 밀려나면 돈은 다 갚게 되는 셈이지요."

· · ·

1. 첫 번째 어떻게든 돈을 구해 갚아줄 사람이 갑자기 세 번째 안 갚아도 되는 사람으로 밀려난다는 뜻은? 죽을 때까지 기다려 안 갚겠다는 뜻.
2. 두 번째 내가 갚아줄 때까지 기다리도록 하는 사람은? 반대로 내가 그가 죽을 때만 기다리면 그는 나를 기다려야 하기 때문에 결국 안 갚겠다는 뜻.

말만 어렵게 했을 뿐, 어차피 셋은 똑같은 경우이다. 갚을 생각이 전혀 없다는 뜻이다.

089 궁색한 대답

유태인들은 안식일에는 일을 하지 않는다. 그런데 이를 어기고 자기 가게 앞에서 손님을 부르며 장사하는 유태인이 있었다.

"두 번 다시 없는 기회입니다. 모두 반액에 팝니다."

믿음이 좋은 다른 유태인들은 불쾌한 표정을 지으며 유태인 장사꾼을 꾸짖었다.

"당신은 안식일을 어기고 장사를 한단 말이오?"

"아유, 그 무슨 말이오? 반액으로 파는데 장사라니……."

．．．

    일요일에 동네 거리를 걸어 다니다 보면 심심찮게 눈에 띄는 팻말이 있다.

    '주일은 쉽니다.'

    치열한 21세기 경쟁 시대에서 하루를 온전히 폐업한다는 뜻이니, 그 신앙심의 깊이가 어떨지 절로 존경스럽기까지 하다. 일요일에 쉬어도 큰 무리 없는 업종이야 상관없겠지만, 미용실 같은 경우는 일요일이야말로 대박을 치는 날 아니겠는가.

    일요일에 머리를 깎는 미용실을 어렵게 찾아 미용사에게 머리를 맡기고 앉아 이런저런 이야기를 나누다 이 얘기가 나왔다. 그러자 미용사가 웃으며 이렇게 말하는 것이다.

    "어디 그게 신앙 때문인가요? 교회에 세일즈 하러 가는 거지."

090 답례

마을에서 높이 존경받던 랍비가 죽어 장례식을 하게 되었다.

"여보게, 장례식에 가 보아야지."

"난 안 가네."

"내가 죽었을 때 오지 않을 사람인데 왜 가나?"

‧ ‧ ‧

얼마 전 모 초등학교 교장이 자녀의 결혼 청첩장을 주위에 돌렸다가 사회적 지탄을 받은 일이 있었다. 아직 자녀가 결혼을 하지도 않았는데, 거짓 청첩장을 돌려 축의금을 받은 것이다.

혀를 찰 법도 한데 오죽했으면 그랬을까 한편으로 이해가 가는 측면도 있다. 정년퇴직은 다가오는데 애는 결혼할 생각이 없고, 자리에 앉아 있을 때와 자리에서 물러났을 때 추수할 곡식 차이는 어마어마할 테고…… 여태껏 뿌린 씨앗이 얼마나 아까웠겠는가.

이 악순환의 고리가 과연 끊어질 수 있을지 장담하기 어렵다. 나부터 끊기는 정말 어려울 테니.

091 천부적인 소질

전쟁이 한창인 전선에서 병사들에게 물건을 파는 유태인이
있었다.

"자, 구경들 해요, 단추, 양말, 구두끈, 편지봉투 무엇이든
있어요."

이때 갑자기 적의 포탄이 날아와 코앞에서 터졌다. 그러자
유태인 장사꾼은 한층 더 큰소리로 외쳐댔다.

"자, 상처를 치료하는 붕대, 소독약 있어요."

한국인만큼 돈을 좋아하면서도 겉으로 의연한 척하는 사람들도 없는 것 같다. 혹시 이 이야기를 읽자마자 드는 첫 느낌이 "인심 한번 참 야박하네." 아니었는가? 그러나 구매자가 필요로 하는 물품을 제때 제공하는 것이야말로 진정한 상술이다.

　　주위에 장사 잘해 돈을 갈고리로 긁어모으는 사람을 보며 '저 사람 인심은 별로 좋지 않을 거야. 무슨 야비한 짓을 하고 있는지도 모르지.' 라고 삐딱한 눈으로 보는 이들이 있다. 앞의 사람과 그가 다른 것은 딱 하나다. 앞 사람이 돈을 버는 데 천부적인 소질이 있다면, 그는 남 험담하는 데 천부적인 소질이 있다는 것.

　　천부적인 소질이라도 계발해야 할 게 있고, 계발하지 말아야 할 게 있는 것 같다.

092 깊은 뜻

　어느 유태인 소년이 몹쓸 전염병에 걸려 병원에 입원했으나 치료불능이라는 의사의 선고를 받았다. 가족들이 모여 기도를 드리고 소년에게 물었다.

　"얘, 너에게 기도를 해줄 분을 모셔야 하겠는 데 누굴 부를까?"

　"가톨릭 신부님을 모셔오세요."

　"아니, 너는 유태인이 아니냐?"

　가족들이 놀라 다시 묻자 소년은 대답하였다.

　"그럼 유태의 랍비님을 전염병 환자가 있는 곳으로 모신단 말이에요?"

• • •

　바로 오늘날의 일이다. 연일 신종 인플루엔자 환자들이 생겨나고 있는데, 거점 병원이라는 곳에 가면 환자 취급이 아니라 병원균 취급을 받는다고 한다. 심지어 병원 건물도 아닌 주차장 한 편에 천막을 쳐놓고 진료를 하는 곳까지 있다니 할 말이 없다.

　혹시나 다른 환자들에게 병을 옮길까봐 어쩔 수 없는 조처라고 하는데, 만약 그렇다면 최대한 수치심을 느끼지 않는 안전장치라도 마련하려고 노력하는 것이 당연한 순서가 아닐까?

093 우유

유태인 두 사람이 말을 나누고 있었는데, 그중 한 사람이 장님이었다.

"여보게, 우리 우유라도 한잔 마실까?"

"우유, 그게 어떻게 생겼지?"

장님이 묻자 다른 유태인이 우유는 흰 액체라고 대답하였다.

"희다면, 흰 게 뭐지?"

"자네, 백조 알지. 백조가 하얗지."

"응 알겠네. 그런데 백조는 어떻게 생긴 것인지 모르겠군."

"백조는 긴 목과 굽은 등을 가졌지."

"굽은 등이 뭔가?"

"내 팔을 만져보면 알 수 있네."

유태인이 장님에게 팔을 굽혀 만져보게 해 주었다.

"오오. 이제 우유가 뭔지 알겠네."

• • •

　장님에게 우유는 결국 딱딱한 팔꿈치였을 것이다. 말이란
이런 것이다. 그럴듯하지만 완전하지가 않다. 부처님이 염화
미소로 불립문자(不立文字)의 뜻을 설파한 까닭도 여기에 있
다. 백 마디 말보다 한 번 보는 게 낫다고까지 했다. 말 한마디
에 천 냥 빚을 갚는다는 말은 바꿔 말해 그만큼 말의 간사함을
뜻하기도 한다.

　말을 너무 신뢰하지 말자. 말은 입 밖으로 나오는 순간 금세
허공으로 사라진다. 헛것이 되는 것이다.

094 예의가 없어

많은 청년들이 팬티만 입고 징병검사를 받고 있었다. 군의
관의 목소리가 유난히 컸다.

"좌향좌, 우향우, 앞으로 가!"

"다음엔 발을 벌리고 두 팔이 땅에 닿도록 허리를 굽혀!"

잠시 뒤 군의관은 또 외쳐댔다.

"좋아, 합격!"

그러자 한 청년이 불만스러운 듯이 중얼거렸다.

"기왕이면 앞에서 합격! 할 일이지 남의 궁둥이에다 대고 합
격! 할 게 뭐람."

    군대를 갔든 안 갔든 대한민국 성인 남성은 반드시 징병검사를 받는다. 군대를 가지 않기 위해서라도 징병검사에서 면제 처분을 꼭 받아야 하니까 말이다. 징병검사를 받은 남성들은 이 유머를 금세 이해할 수 있으리라. 군의관을 향해 건장한 남자들이 일렬횡대로 선 채 엉덩이를 까 내린 민망한 자세로 받는 치질검사! 생각해 보면 참으로 창피막심한 일이 아닐 수 없다.

    그러나 다들 깨닫게 되는 사실 한 가지. 그 순간 아무리 창피해도 "아니 되옵니다."를 외치는 사람은 한 명도 없다는 것. 창피할 것도 없었던 것이다. 누구나 다 해야만 하는 당연한 순서였으니까. 그러고 보면 예의도 차릴 장소와 상황이 있어야 예의를 차리는 것 같다.

095 유태인의 꿈

살기가 어려운 가난한 유태인이 소박한 꿈을 말했다.

"나는 이 도시에서 둘도 없는 단 한명의 거지가 되고 싶네."

이 말을 들은 친구들이 의아한 표정으로 물었다.

"거지가 되고 싶다고?"

"물론이네. 이 시에서는 1년에 자그마치 2만 루블의 자선사업을 시행하고 있지 않은가? 내가 단 한 명의 거지가 된다면 그 돈이 몽땅 나한테로 오지 않겠나."

•　•　•

　　영국의 전문 '직업' 거지들은 한 해 억대의 수입을 챙긴다고 한다. 런던 거리의 걸인들이 주말 하룻밤에 벌어들이는 수입은 최고 200파운드(약 41만 여원)이며, 연봉으로 따지면 무려 7만 3000파운드(약 1억 5000만 원)에 해당하는 금액이다. 심지어 걸인 가운데 일부는 낮에는 직장에서 일하고 밤에는 거리에서 구걸하는 '투잡족' 도 있다고 하니 놀라울 따름이다. 이들은 구걸로 번 돈을 월급에 보태 더 풍족한 생활을 영위하는데, 물론 보너스로 세금은 한 푼도 내지 않는다고 한다.

　　우리나라도 버려진 아이들만 수출할 게 아니라, 노숙자분들을 영국으로 보내 외화를 획득하는 애국자로 만들면 어떨까 싶다.

096   삼단논법

　식당에 들어온 손님이 비프스테이크를 주문하였다. 음식이 나오자 손님은 스테이크를 취소하고 그 대신 코냑 1잔을 다시 주문하였다. 손님이 코냑을 마신 뒤 식당을 나가자 주인이 돈을 요구하였다.

　"손님, 코냑 값을 주셔야죠?"

　"코냑 대신 비프스테이크를 돌려주지 않았소?"

　"하지만 스테이크 값도 받은 적이 없습니다."

　"그렇겠지. 내가 먹지 않았으니까."

     ● ● ● ●

    삼단논법에는 치명적인 약점이 존재한다. 대전제, 소전제, 결론의 3단계 중에서 대전제나 소전제가 틀리면 결론도 틀려 버린다는 것? 아니다. 제대로 된 삼단논법을 다룰 줄 아는 사람이 별로 없다는 것이다. 고작 3단이니 쉬울 것 같지만, 의외로 헷갈리면 한없이 헷갈리는 논법이 삼단논법이다.

    그렇다면 어떻게 해야 할까? 삼단논법이랍시고 떠들다가 창피당하지 말고, 그냥 처음부터 돈을 내면 간단히 해결될 일이다. 무전취식의 엉터리 삼단논법을 썼다가는 파출소 행이 안성맞춤이다.

097 선물

돈이 필요한 유태인이 간절한 마음으로 기도를 하고 있었다.

"오, 하나님, 저를 도와주십시오. 부디 이번 복권에서 10만 루블이 당첨되도록 해 주십시오. 만약 그렇게만 된다면 그중의 1할을 떼어 저보다 어려운 사람을 위해 기꺼이 쓰겠습니다. 저의 이러한 마음을 믿지 못하신다면 먼저 1할을 떼고 나머지를 주셔도 됩니다."

십분의 일, 일할 이야기를 하니 생각이 엉뚱하게도(?) 십일 조로 이어진다. 십일조의 유래에 대해서는 몇 가지 설이 있지만, 아무튼 신(神)과 정(政)이 한 몸이던 중세시대에 가뜩이나 형편 어렵던 평민들에게 세금이랍시고 반드시 뜯어내던 돈이었다는 사실만큼은 분명하다. 참고로 중고등학교 세계사에서 배우던 종교개혁의 선구자 루터도 십일조는 꼭 내야 한다고 강변했단다.

　　아무튼 요즘 우리 주위의 몇몇 교회에서도 이러지 않고 있나 의심이 된다.

　　"이번 달 월급을 못 받으셨다고요? 그래도 십일조는 선금으로 내십시오."라고 말하는 교회도 있을지 모르겠다.

098 머리를 써야

"이번 재판에서 이기려면 판사한테 미리 손을 써야 하지 않을까요?"

소송을 당한 사람이 변호사한테 의논하였다. 그러자 변호사가 말렸다.

"안 돼요. 그런 짓을 하면 뇌물 제공죄까지 겹쳐 오히려 당신에게 불리해져요."

얼마 후 재판에서 이긴 그 사람이 변호사에게 말했다.

"그때 변호사님께서 말리셨지만, 나는 판사한테 뇌물을 보냈지요."

"그래요? 청렴하기로 이름난 판사가 어째서 말없이 지나가 버렸을까?"

"내가 머리를 썼지요. 명함에다 소송을 건 상대방 이름을 적었으니까."

• • •

이런 양심적인 판사가 대한민국 법조계에는 많이 있다고,
아니 어딘가에는 반드시 있을 거라고 강력히 주장하고 싶다.

099 한수 더

영국의 섬유산업이 발달한 도시에 살고 있는 유태인이 폴란드에 사는 유태인에게 자랑을 늘어놓고 있었다.

"우리 고장에서는 최신식 기계로 양복을 만든다네, 양털을 깎아 바로 기계에 넣으면 번듯한 양복이 만들어져 나오지."

폴란드의 유태인이 이 말을 받아 대꾸하였다.

"그건 아무것도 아니야. 우리 고장은 양털을 깎아 기계에 넣으면 곧 부도 수표가 나온다네."

· · ·

 '치킨 게임(chicken game)' 이란 게임 이론이 있다. 두 사람이 각각 자동차를 타고 서로에게 돌진한다. 이때 누군가가 핸들을 돌려 피하지 않으면 양쪽 모두 죽게 되지만, 먼저 피하는 사람은 겁쟁이(chicken)가 되어 결국 게임에서 지게 된다. 즉 겁쟁이가 되기 싫어 피해를 뻔히 예상하면서도 끝까지 게임을 하는 멍청한 닭대가리 게임인 것이다.

 한국사회의 갈등 구조도 멍청한 치킨 게임 양상을 보일 때가 많다. 대화와 타협이라고는 눈곱만큼도 찾아볼 수 없다. 너 죽고 나 죽자, 여기서 한 발 양보하면 끝까지 밀린다는 식의 막장 대립. 결국 둘다 죽을 수밖에 없는 까닭이다.

100 경매

최전방에 배치된 유태인 병사가 나무 위에 숨어 숨을 죽인 채 적진을 살피고 있었다. 그때 적의 관측병이 적과의 거리를 관측하며 교신하고 있었다.

"1200, 1300, 1400……."

숨어 이를 지켜보던 병사가 헐레벌떡 달려와 상사에게 보고했다.

"장교님, 우리가 이겼습니다. 적군은 지금 대포를 경매에 붙이고 있었습니다."

   ● ● ●

  경매가 최고의 재테크 수단으로 각광받고 있다. 그만큼 불황이라는 소리다. 어제까지만 해도 늦은 밤까지 불을 켜고 작업하던 공장이 망해 헐값에 경매에 나오고, 어느 가족이 밥상에 둘러앉아 따뜻한 밥을 나눠먹던 집이 경매에 나와 새 집주인을 찾는다.

  법원 경매가 있는 날이면 남녀노소 나이불문하고 인산인해를 이룬다고 한다. 누군가의 피눈물이 뒤섞인 경매 물건들을 싼값에 사 이득을 취하기 위해 각축전이 벌어진다. 그만큼 활황이란 소리다.

  누군가에게는 불황이요, 누군가에게는 활황인 곳. 전쟁터가 아닐 수 없다.

리더들이 즐겨 읽는 위대한 유머

초 판 인 쇄	2009년 10월 15일
초 판 발 행	2009년 10월 26일
엮 은 이	신채운
펴 낸 이	김대원
펴 낸 곳	천케이
	서울시 마포구 서교동 397-7번지 201호
마 케 팅	김 현
디 자 인	정복기 · 김은정
전 화	02-539-3833
팩 스	02-565-6650
E-mail	1000k63@naver.com
	http://cafe.naver.com/besteady

※ 잘못된 책은 구입하신 서점에서 바꾸어 드립니다.

값 11,000원
ISBN 978-89-92498-21-0 03320

리더십 삼국지에 길을 묻다

예나 지금이나 공통된 주제의 핵심은 '사람'이다. 어느 시대, 어느 사회·조직에서건 '사람'을 홀대하면서 성공한 리더는 없다. 성공의 비결이란 어느 사회, 어느 조직에서건 자신이 가진 문제점의 해결책을 찾는 것이다. ≪삼국지≫에 바로 그 답이 있다.

박광희 지음 | 신국판

책이 건네준 격려

작금의 시대는 매우 불안정하고 사회적으로나 경제적으로 큰 위기에 봉착되어 있는 것처럼 모든 사람이 느끼고 있다. 하지만 이러한 어려움은 어느 시대, 어느 나라나 있어 왔던 과거이다. 이 책은 이러한 어려운 상황에 처한 모든 사람들에게 희망의 메시지를 전하고 있다.

구교열 지음 | 신국제

CEO의 조크

이 책의 이야기는 허구이지만 실제 생활을 모델로 삼았기 때문에 이야기에서 얻은 경영관리 기술은 매우 실제적이고 설득력이 있다. 구성 또한 우화를 통해 경영관리의 참 모습을 보여주고 있다. 따라서 진정한 뉴 매니저의 품격을 갖추길 원하는 경영인이나 관리자에게 단호히 이 책의 일독을 권하고 싶다.

짜오 펑 지음 | 노애리 옮김 | 신국판

인물 세계사 재조명 저우언라이

'21세기는 중국의 시대가 될 것이다.' 이 말은 주은래와 비슷한 시대를 살다 간 저명한 영국의 철학자 버트란트 러셀이 죽기 직전에 한 예언이다. 이 말은 불과 반세기도 채 지나지 않아 그대로 현실이 되었다. 과연 그렇게 된 토대가 무엇인가를 이 책은 보여주고 있다.

리핑 지음 | 김세영 옮김 | 신국